TSPによる
計量経済分析入門
[第2版]

縄田和満 [著]

朝倉書店

TSP は TSP International 社の，Windows XP，Excel は米国 Microsoft 社の，米国および世界各地における商標または登録商標です．その他，本文中に現れる社名，製品名はそれぞれの会社の商標または登録商標です．本文中には，TM マークなどは明記していません．

なお，TSP についての問い合わせ先（2005 年 10 月現在）は，次のとおりです．
米国：TSP International, P. O. Box 61015, Station A, Palo Alto, CA 94306, USA
http://www.tspintl.com
日本における代理店：TSP ジャパン，〒102-0072 東京都千代田区飯田橋 3-7-3，(株)産業統計研究社，TEL：03-3230-0731，FAX：03-3237-9287

はじめに

　計量経済学では，多くのデータ分析手法が開発されており，それらを解説した数多くの解説書が出版されている．実際にこれらの手法を用いてデータの分析を行い，さらには理論的な理解を深めるためにもコンピュータによる分析が必要不可欠であることは述べるまでもない．幸いなことに今日では，コンピュータの利用が容易になり，また，分析のためのパッケージ・ソフトが開発されており，データ解析がこれらによって比較的容易に可能となっている．

　ここでは，米国 TSP International 社の TSP（Time Series Processor）による経済データの分析について，筆者が東京大学工学部，大学院工学系研究科，大学院経済学研究科などで行ってきた講義・演習内容をもとに説明する．内容的には，回帰分析，同時方程式モデル，時系列データの分析など，計量経済学で使われる主要な手法の基礎を中心に説明を加えた．

　TSP は，計量経済モデルの分析に世界的に広く使用されているソフトであり，基礎的なものから最新のものまで多くの手法を含み，ほとんどの分析がこれによって可能となっている．また，大型機，UNIX ワークステーション，パソコンなど異なった種類のコンピュータで利用できるなど汎用性も高く，比較的安価であり，計量経済学を学習する者にとって利益が大きいと考えられる（TSP の購入については，前ページの連絡先を参照されたい）．

　本書の執筆にあたっては，
- 分析手法の理論的な説明は，巻末の参考文献に示すような計量経済学や統計学の教科書・解説書によるものとし，必要最小限にとどめ，データ解析の演習を中心とした．
- TSP やコンピュータの操作は，分析に必要なものにとどめ，煩雑さをさけることを目的とした．

など，計量経済学の初学者・入門者でも，ある程度の基礎的な統計学やパソコン

(Windows XP や Excel) の知識さえあれば，利用可能となるように配慮した（統計学，パソコンについてまったくの初心者は，拙著『Excel による統計入門（第 2 版）』（朝倉書店，2000）などでその基礎を学習してからの利用が望ましい）．

TSP は，Windows XP 用の TSP5.0 を使用したが，本書の内容は，大型計算機，UNIX ワークステーション，マッキントッシュなどにおいてもそのまま利用可能である．

なお，すでに述べたように本書は，筆者が東京大学で行っている講義内容・演習内容をまとめたものであるが，ご助言・コメントを頂いた諸先生方，受講生諸君に感謝の意を表したい．また，本書の出版にあたっては，朝倉書店編集部の方々に大変お世話いただいた．心からお礼申し上げたい．

2006 年 1 月

縄 田 和 満

目 次

1. **TSP入門** ──── *1*
   - 1.1 TSPの起動 *1*
   - 1.2 簡単なTSPステートメントの入力 *2*
   - 1.3 外部ファイルからのデータの読み込み *8*
   - 1.4 TSPによる簡単なデータの分析 *13*
   - 1.5 GiveWinによるバッチ処理 *21*
   - 1.6 フォルダ（ディレクトリ）の作成 *26*
   - 1.7 欠損値の取り扱い *28*
   - 1.8 演習問題 *29*

2. **回帰分析の基礎** ──── *30*
   - 2.1 回帰モデル *30*
   - 2.2 最小二乗法による推定 *35*
   - 2.3 回帰係数の標本分布と検定 *37*
   - 2.4 回帰モデルにおける最尤法 *39*
   - 2.5 銅消費量データを使った回帰分析 *42*
   - 2.6 演習問題 *52*

3. **重回帰分析** ──── *54*
   - 3.1 重回帰モデル *54*
   - 3.2 重回帰方程式の推定 *55*
   - 3.3 重回帰分析における検定 *56*
   - 3.4 モデル選択とモデルのあてはまりのよさの基準 *59*
   - 3.5 ダミー変数 *60*
   - 3.6 銅消費量データを使った重回帰分析 *62*

3.7　AICとカルバック・ライブラー情報量　*74*
　3.8　演習問題　*75*

4.　系列相関，不均一分散および多重共線性 ───── *77*
　4.1　標準的な仮定　*77*
　4.2　誤差項の系列相関　*78*
　4.3　不均一分散　*91*
　4.4　多重共線性　*100*
　4.5　演習問題　*106*

5.　同時方程式モデル ───── *108*
　5.1　説明変数が確率変数の場合の最小二乗推定量　*108*
　5.2　需要・供給関数とマクロ経済モデル　*109*
　5.3　モデルが推定可能であるための条件　*111*
　5.4　同時方程式モデルの推定　*113*
　5.5　外生性の検定　*117*
　5.6　簡単なIS-LMモデルの推定　*118*
　5.7　識別可能性とランク条件　*130*
　5.8　演習問題　*133*

6.　ARIMAモデルによる時系列データの分析 ───── *135*
　6.1　自己回帰（AR）モデル　*136*
　6.2　移動平均（MA）モデル　*139*
　6.3　ARMAモデルとARIMAモデル　*141*
　6.4　ARIMAモデルの推定　*142*
　6.5　予測　*144*
　6.6　ARIMAモデルによる日本経済データの分析　*145*
　6.7　季節性とSARIMAモデル　*158*
　6.8　演習問題　*165*

参 考 文 献 ───── *167*
索　　　引 ───── *169*

1. TSP 入門

ここでは，TSP を使うための基本操作について説明します．OS としては Windows XP を使っているとします．まず，C:ドライブに **TSPEX** という名前でフォルダ（ディレクトリ）**C:¥TSPEX** を作成して下さい．新しいフォルダの作成に関しては，1.6 節を参照して下さい．作成するファイルはすべてこのフォルダに保存することにします．また，ファイル名・TSP のコマンドなどはすべて英数半角モードで入力してください．（なお，大学のコンピュータセンターなどで TSP を利用する場合，データが保存されるフォルダの作成に関しては管理者に問い合わせて下さい．）

パソコンによって TSP を利用する場合，TSP コマンドのファイルを作って一括して処理する方法（この方法はバッチ処理とよばれます．TSP バッチ処理には GiveWin を使うのが便利です）と対話形式によって1つずつ処理する方法があります．とくに初学者にとっては，対話形式の方が理解しやすいと考えられますので，本章では対話形式を中心に説明し，最後（1.5節）に GiveWin によるバッチ処理について説明します．

1.1 TSP の起動

パソコンを起動させて下さい．［スタート］→［すべてのプログラム (P)］→［TSP 5.0］→［Win 32 TSP 5.0］をクリックして下さい（図1.1）．"Enter batch filename [or press Enter for interactive]:" とバッチ処理を行うか対話形式で処理を行うかを尋ねてきます（図1.2）．バッチ処理を行う場合はそのファイル名をタイプし，対話モードで処理を行う場合は［Enter］キーを押します．ここでは，対話形式で処理を行いますので，［Enter］キーを押します．ライセンス情報，バージョン情報，TSP International の連絡先が現れ，TSP コマンドを入力することが可能となります．なお，［スタート］→［すべてのプログラ

ム(P)] → [TSP 5.0] をクリックすると，[DOS‑Win TSP 5.0]，[TSP through the Looking Glass] などのサブ・メニューが出てきますが，これらは Windows XP では使用することはできません．Looking Glass で行っていたバッチ処理を Windows XP で行うには 1.5 節で説明する GiveWin を使う方法があります．

1.2 簡単な TSP ステートメントの入力

1.2.1 データの入力

では，簡単な例題を入力してみましょう．Windows 用の TSP では大文字・小文字は区別されずどちらも使用することができますが，本書では，見やすくするため，コマンドはすべて大文字で表すこととします．TSP では，まず，デー

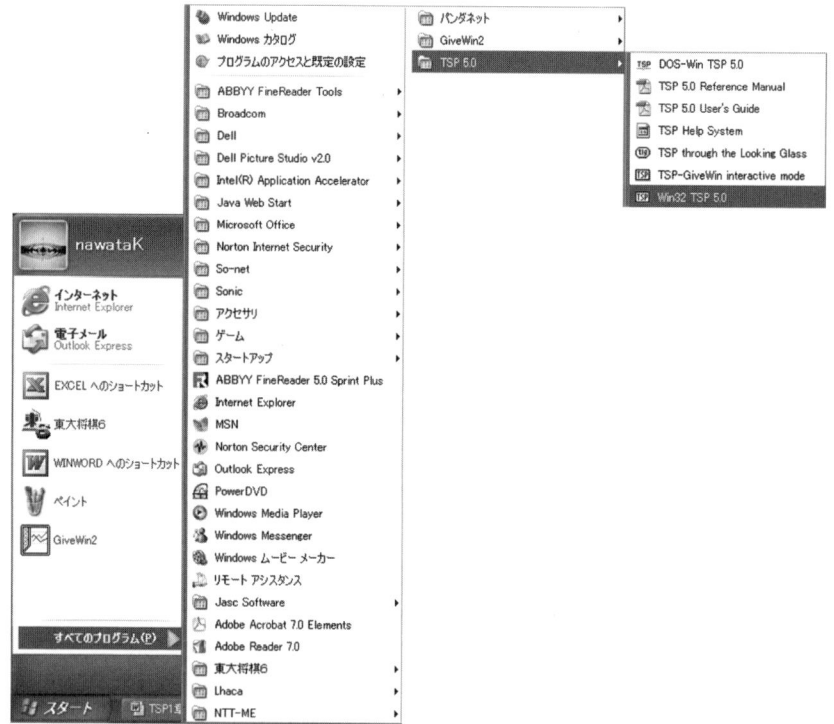

図 1.1 パソコンを起動させ，[スタート]→[すべてのプログラム(P)]→ [TSP 5.0]→[Win32 TSP 5.0]をクリックする．

1.2 簡単なTSPステートメントの入力

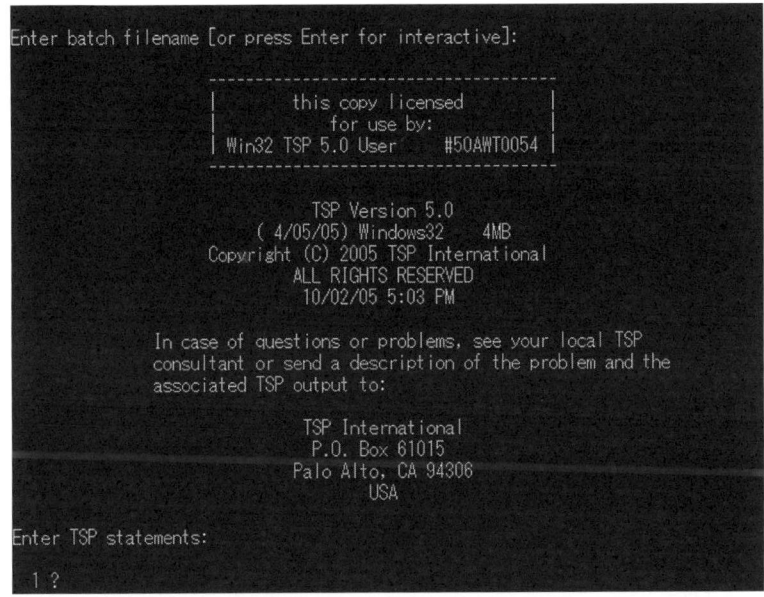

図 1.2 "Enter batch filename [or press Enter for interactive]" とバッチ処理を行うか，対話形式で行うかを尋ねてくる．ここでは，対話形式で処理を行うので，[Enter]キーを押す．ライセンス情報，TSP International の連絡先が現れ，TSP コマンドを入力することが可能となる．

タのタイプを指定します．これは，FREQ というコマンドで，FREQ の後にデータのタイプを指定します．指定できるデータは，年次データ，四半期データ，月次データ，週次データ，数値で指定した周期のデータ，時系列以外のデータの6つです．

　年次データは FREQ　A；
　四半期データは FREQ　Q；
　月次データは FREQ　M；
　週次データは FREQ　W；
　数値で指定した周期のデータは FREQ　数値；
　時系列以外のデータは FREQ　N；
と入力します．TSP のコマンドの最後にはセミコロン；をつけます（対話形式ではセミコロンをつけなくとも作動しますが，バッチ処理の場合などを考えてセミコロンをつけるようにして下さい）．また，FREQ コマンドが省略された場合

は，時系列以外のデータとみなされます．パソコン上でTSPを利用した場合は，大文字，小文字は区別されません．FREQとfreqやFreqは同一ですが，本書ではTSPコマンドはすべて大文字で表すものとします．では，"1 ?"の後に

　FREQ N;

とタイプして[Enter]キーを押して下さい（このコマンドは，入力しなくても同じですが，演習のため入力して下さい）．

　表1.1には10人の身長，体重，性別のデータが示してありますが，このうち5人の身長と体重のデータをTSPに入力してみましょう．"2 ?"の後に

　SMPL 1 5;

と入力して下さい（以後，明記しませんが，最後に[Enter]キーを押すのを忘れないで下さい）．SMPLコマンドは，サンプルが1から5まであることを示しています．変数Xに身長のデータを入力します．"3 ?"に

　LOAD X;

と入力します．今までと異なり，[Enter]キーを押しても，画面は，"3 ?"で番号は変化しません．順に5人の身長のデータを次のように入力して下さい．

　175　165　162　164　170;

データの間には1つ以上のスペースをあけ，5人目のデータの後には必ず；をつけて下さい．セミコロンをつけないとTSPがデータの終わりを認識できません．なお，入力するデータの数が多く1行で入力できない場合は，途中で

表 1.1 身長，体重，性別のデータ

番 号	身 長 (cm)	体 重 (kg)	性 別 (男：1, 女：0)
1	175	61	1
2	165	62	1
3	162	48	0
4	164	52	1
5	170	55	1
6	169	69	1
7	155	48	0
8	153	44	0
9	162	49	0
10	158	58	0

[Enter] キーを押して改行します.

身長のデータの入力が終了したら，次に体重のデータを変数 Y に入力します.

LOAD Y;

と入力して，身長の場合と同様に

61 62 48 52 55;

と入力して下さい．変数名は，1～8文字までのアルファベットと数字でつけますが，最初の1文字はアルファベットである必要があります．なお，C は定数項に割り当てられていますので，ユーザーが使う変数名とすることはできません．

ここでは，各変数のデータを別々に入力しましたが，同時に

LOAD X Y;
175 61
165 62
162 48

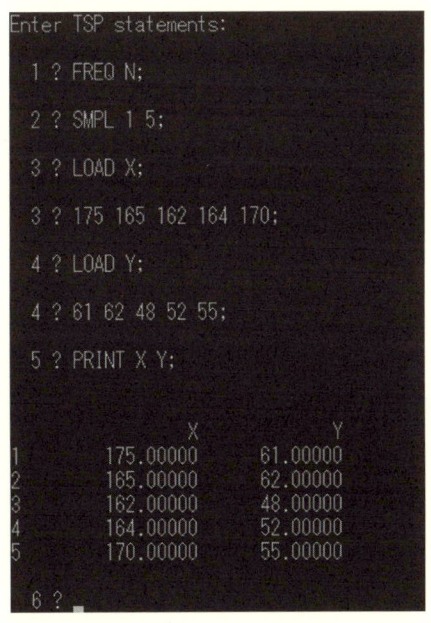

図 1.3 身長と体重のデータを入力し，PRINT コマンドでデータが正しく入力されているかどうかを確認する．

```
164  52
170  55;
```
と入力することもできます。この場合も最後に ; を忘れないで下さい。

データの入力が完了しましたので、データが正しく入力されているかどうかを調べてみます。

```
PRINT X Y;
```
と入力して下さい（変数名の間には、1つ以上のスペースをあけて下さい）。X, Yに入力したデータが画面に表示されますので、正しく入力されていることを確認して下さい（図1.3）。

なお、データは、コンマで区切った形式（たとえば 12,345）やパーセントのついた形式（たとえば 12.3%）では入力できません。これらを入力するには、12345 や 0.123 とする必要がありますが、指数表示についてはそのまま 1000000 を 1.0E6 というように入力することができます。

1.2.2 データの変換
●数　式
次に身長と体重の差を計算してみましょう。
```
Z=X-Y;
```
と入力して下さい（TSP 4.1 など古いバージョンでは、計算を行うコマンドである GENR を先頭に加えて GENR Z=X-Y; とする必要がある場合があります）。体重と身長の差が Z に計算されますので、
```
PRINT X Y Z;
```
と入力して正しく計算が行われていることを確認して下さい。

数式計算記号は、足し算＋、引き算−、掛け算＊、割り算／、べき乗＊＊で、計算の優先順位は、通常の規則と同様、［べき乗］→［掛け算］・［割り算］→［足し算］・［引き算］で、優先順位をかえたい場合は、( ) を使います。｛ ｝、［ ］は使わず、複数のカッコが必要な場合は、( ) を複数使います。たとえば、

$(X+Y)^2/Z$ を W1 に計算する場合は、W1=(X+Y)**2/Z;

$\{X+(X+Y)^3\}\times 2$ を W2 に計算する場合は、W2=(X+(X+Y)**3)*2;

となります。

●算術関数
TSP では、多くの関数が用意されています。たとえば、X の e を底とする自

然対数 $\log_e(X)$ を W3 に計算する場合は,

 W3=LOG(X);

と入力します. 関数は数式の中にも使うことができます. $2\cdot\log_e(X)\cdot\log_e(Y)$ の計算は,

 W4=2*LOG(X)*LOG(Y);

というように入力します.

 TSP の主要な算術関数は次の通りです (この他にも, いろいろな関数が用意されていますが, それらについては必要に応じて説明をします).

 ABS 絶対値を計算する.
 COS コサインを計算する.
 EXP e のべき乗を計算する.
 LOG e を底とする対数 (自然対数) を計算する.
 SIGN 正負の符号を求める.
 SIN サインを計算する.
 TAN タンジェントを計算する.

1.2.3 データの保存

 いま, 入力・変換したデータを保存してみます. ファイルはすべて C:¥TSPEX に保存するものとします. 保存するファイル名を EX1 とし, ファイル名を ' ' で囲み

 SAVE 'C:¥TSPEX¥EX1';

と入力します. データが C:¥TSPEX に EX1.SAV というファイル名で保存されます. SAV というタイプ名は自動的に書き加えられますので, つけないで下さい. 入力や計算したデータが変数名と共に保存されます. なお, すでにフォルダ内に同名のファイル (この場合は EX1.SAV) が存在する場合は, 保存するファイル名を変更します. また, フロッピーディスクなどに保存する場合は, そのデバイス, フォルダ名を指定します. デバイス, フォルダ名を指定しない場合は, TSP5.0 のフォルダ, すなわち C:¥PROGRAM¥TSP5.0 に保存されます.

 なお, 英語バージョンのコンピュータでは, ¥ は \ (バックスラッシュ) で表され (正確には英語バージョンの \ のコードに日本語バージョンでは¥を割り当てています), フォルダは C:\ TSPEX となります.

1.2.4 TSP の終了
TSP を終了させます．
`END;`
(または `STOP;`, `EXIT;`)と入力して下さい．TSP が終了して Windows の画面へ戻ります．

1.2.5 SAVE コマンドで保存されたデータの読み込み

TSP を再起動させてください．`RESTORE 'C:¥TSPEX¥EX1';`に保存したデータを呼び出してみます．
`RESTORE 'C:¥TSPEX¥EX1';`
と入力します．先ほど保存したデータが呼び出され，TSP での利用が可能となります．どのような変数がデータとして保存されているかを調べてみましょう（なお，以前のバージョンでは `RESTORE` コマンドがうまく作動しないことがあります．そのような場合は `LOAD` コマンドを使ってデータを入力する必要があります）．

`SHOW SERIES;`
と入力して下さい．変数名と観測値数などの情報が現れます．
TSP をいったん終了して下さい．

1.3 外部ファイルからのデータの読み込み

前節では，`LOAD` コマンドによってデータを入力する方法について説明しました．しかしながら，対話形式でこのように入力していくのでは，大量のデータの場合，面倒ですし，入力ミスが起きやすくなります．TSP は，ワープロや表計算ソフトのように優れた編集機能はありませんので，入力ミスをした場合などの修正は（不可能ではありませんが）大変面倒です．また，後で述べるバッチ処理においても，TSP コマンドの内部にデータを入れることは，他の分析用のソフトとの関係やデータベースとの利用といった点を考えると，あまり機能的であるとはいえません．

TSP では，別に作成した外部のファイルからデータを読み込むことができます．この方法は，互換性，大量のデータの読み込みなどの点で優れており，実際の経済データの分析では，ほとんどの場合この方法がとられています．ここでは，テキストファイルや Excel 形式のファイルからのデータの読み込みについ

1.3.1 テキストファイルからの読み込み

TSPでは，テキストファイルからデータを読み込むことができます．表1.1の身長，体重，性別のデータを入力してみましょう．TSPを終了させ，パソコンで使われているワープロまたはエディタを起動させて下さい（どのような種類のものでもかまいません）．入力モードが英数半角モードになっていることを確認して次のようにデータを入力して下さい．

```
 1 175 61 1
 2 165 62 1
 3 162 48 0
 4 164 52 1
 5 170 55 1
 6 169 69 1
 7 155 48 0
 8 153 44 0
 9 162 49 0
10 158 58 0
```

データの間には，1つ以上のスペースをあけ，1人分のデータは1行になるようにします．これを，保存形式をテキストファイルにして，C:¥TSPEXにDATA1.TXTというファイル名で保存してください（多くのワープロでは，保存形式をテキストファイルとすると自動的にTXTというタイプ名が加えられます）．ワープロ，エディタを終了して下さい．

タイプして再びTSPを起動させます．

データの種類とサンプルの範囲を

FREQ N;

SMPL 1 10;

と入力して指定します．テキストファイルに保存されたデータを入力しますが，番号をN，身長をX，体重をY，性別をZとします．次のステートメントを入力します．

LOAD(FILE='C:¥TSPEX¥DATA1.TXT')N X Y Z;

カッコ内のFILE='C:¥TSPEX¥DATA1.TXT'は外部テキストファイルからデータを入力するオプションで，FILE=の後にデータを読み込むファイルを' 'で囲み指定します．

1.3.2 入力データのフォーマットの指定

先ほどの例のように各データの間がスペース（またはコンマ）で区切られているテキストファイルの場合は，カッコ内はFILE='C:¥TSPEX¥DATA1.TXT'とファイル名だけを指定してやれば正しくデータの読み込みが行われます（これを自由書式といいます）．

しかしながら，ファイルによっては，データ間にスペースがなく，たとえば，データが（1 175 61 1のような形ではなく）1175611のようになっている場合があります（多数項目を調査するアンケートなどでは1人の結果を1行に表す場合など，このような形にすることがよくあります）．なお，本項の知識がなくとも以後の演習には直接さしつかえありませんので，コンピュータについて詳しくない方は，本項はとばして，このようなデータの入力が必要になった場合に参照して頂いても結構です．

このような場合は，自由書式では入力できませんので，入力データのフォーマットを指定します．␣1175611（これは先ほどの1番目のデータですが，データ全体では番号は10までありますので，最初の1の前にスペースがあり，番号が1〜2桁目，身長が3〜5桁目，体重が6〜7桁目，性別が8桁目であるとします．␣は，スペースを表す記号です．スペースはそのままではわかりにくいので，コンピュータ関連の書物ではスペースを正確に表したい場合この記号を使います）をN=1, X=175, Y=61, Z=1と読み込むためには，LOADコマンドのカッコ内にFORMAT='F2.0, F3.0, F2.0, F1.0'という入力データのフォーマットを指定するオプションを加えます．

Fは，科学技術計算に用いられるFORTRANと同じ入力制御記号で，Fの後にデータ全体の桁数と小数点の桁をピリオドで区切って指定します．F2.0は，データが2桁で小数点が0桁を意味します．F2.0と指定した場合，␣1は1，1␣は10となります．F2.1と指定すると，␣1は0.1, 1␣は1となります．データが小数点を含む場合は，データの小数点の指定が優先されFでの指定は無視され，Fはただ単にデータの桁数だけを指定することになります．また，同じ指定が繰り返される場合，たとえば，F4.0が3回繰り返される場

合は，F4.0,F4.0,F4.0 とする必要はなく 3F4.0 と指定します．
　では，C:¥TSPEX に DATA2.TXT と名前をつけた次のテキストファイルを作成して下さい．

```
 1175611
 2165621
 3162480
 4164521
 5170551
 6169691
 7155480
 8153440
 9162490
10158580
```

先ほどの身長，体重，性別のデータですが，番号を1～2桁目，身長を3～5桁目，体重を6～7桁目，性別を8桁目に入力します．番号が1～9の場合は，先頭に1つスペースをあけて下さい．フォーマットのオプションを加えて

LOAD(FILE='C:¥TSPEX¥DATA2.TXT',FORMAT='F2.0,
F3.0,F2.0,F1.0')N X Y Z;

と入力するとデータの読み込みが正しく行われます．

　なお，FORMAT オプションは，対話形式では，外部ファイルからデータを読み込む場合しか使えませんので注意して下さい．また，データが2行以上になる場合は/を使い，FORMAT='8F8.0/5F8.0' のように指定します．

　TSP では，この他 FORTRAN の指数入力の E 形式の入力を行うことができますが（整数入力の I 形式などは使えません），すでに述べたようにデータに小数点がある場合はいずれの形式でもそちらが優先されます．1.23E6 といったような指数表示の数字も F 形式を使って入力できます．F 形式で入力できず E 形式が必要な場合はほとんどありません．E 形式については説明しませんので，E 形式での入力が必要となった場合は，TSP や FORTRAN のマニュアルを参照して下さい．

1.3.3　Excel ファイルの読み込み

　TSP は，Excel のファイルを直接読み込むことができます．この方法は，非常に便利な方法で，Excel について多少の知識があれば，簡単にデータ入力を行うことができます．また，多くのデータベースでは，Excel のファイルの形でデ

一タが提供されています.

データはこの方法で入力するのが便利なのですが,Excelに詳しくない方は,拙著『Excelによる統計入門(第2版)』(朝倉書店,2000)などを参考にして下さい.

Excelを起動させて下さい.表1.1のデータをセルA1から順にワークシートに次のように入力して下さい.

N	X	Y	Z
1	175	61	1
2	165	62	1
3	162	48	0
4	164	52	1
5	170	55	1
6	169	69	1
7	155	48	0
8	153	44	0
9	162	49	0
10	158	58	0

1行目には,変数名のN,X,Y,Zを入力し,2行目以下にデータを入力します.入力が終わったら,これをC:¥TSPEXにDATA3という名前で4.0ワークシートの形式で保存して下さい(図1.4)(5.0以降の形式では読み込むことができません).自動的にXLSというタイプ名が書き加えられ,ファイル名がDATA3.XLSとなります.数字の表示形式は,標準形式の他,固定小数点,パーセント点,コンマ表示,指数とすることができます.また,文字も標準形式の左詰めの他,右詰めとすることができます.

Excelのファイルの作成が終わりましたら,TSPを起動させ,

LOAD(FILE='C:¥TSPEX¥DATA3.XLS');

と入力します.変数名は,Excelのファイルに入っていますので入力する必要はありません.TSPはXLSの場合はExcel(4.0ワークシート)のファイルとみなして読み込みを行いますので,他のオプションを指定する必要もありません.

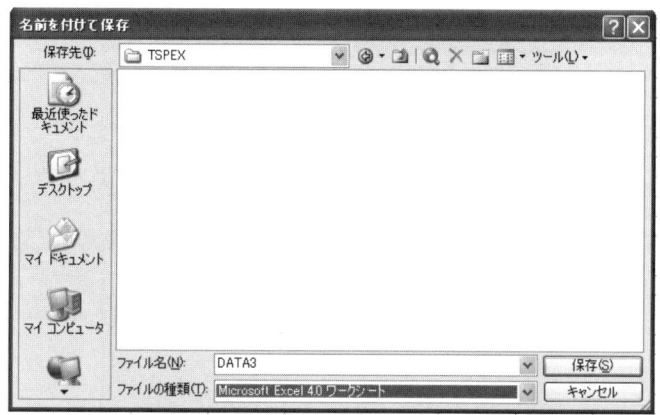

図 1.4 C：ドライブの TSPEX のフォルダに 4.0 ワークシートの形式で保存する．ファイルの形式についてのボックスが現れるので［OK］をクリックする．

1.4 TSP による簡単なデータの分析

1.4.1 平均，分散，標準偏差，相関係数の計算

TSP によって身長，体重，性別のデータを分析してみましょう．前節の手順に従ってデータをテキストファイルまたは Excel（4.0 ワークシート）ファイルから読み込んで下さい．N が番号，X が身長，Y が体重，Z が性別ですが，

PRINT N X Y Z;

と入力して正しくデータが読み込まれていることを確認して下さい（図 1.5）．

まず，身長と体重の平均，分散，標準偏差などの分布の状態を表す指標を求めてみましょう．これには，MSD という TSP のコマンドを使いますので，

MSD X Y;

と入力して下さい．表 1.2 のような結果が出力され，X（身長）と Y（体重）の平均 (mean)，標準偏差 (std dev)，最小 (minimum)，最大 (maximum)，合計 (sum)，分散 (variance)，歪度 (skewness)，尖度 (kurtosis) が計算されます．

データは標本データとして扱われますので，分散は，平均 $\bar{X}$ からの偏差の二乗和を自由度 $(n-1)$ で割ったもの，すなわち，

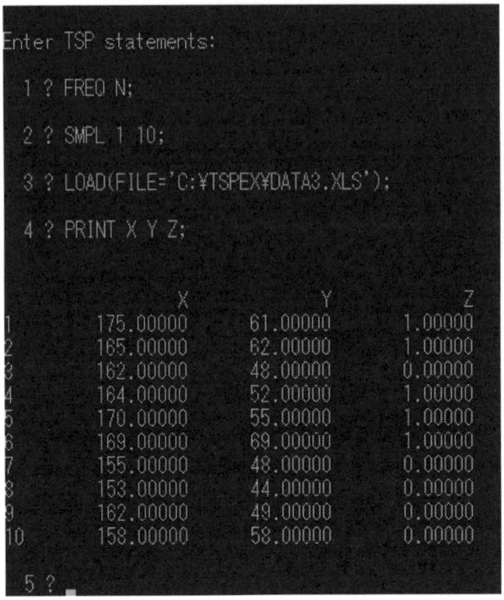

1. TSP 入門

```
Enter TSP statements:
 1 ? FREQ N;
 2 ? SMPL 1 10;
 3 ? LOAD(FILE='C:\TSPEX\DATA3.XLS');
 4 ? PRINT X Y Z;

             X            Y            Z
  1    175.00000    61.00000    1.00000
  2    165.00000    62.00000    1.00000
  3    162.00000    48.00000    0.00000
  4    164.00000    52.00000    1.00000
  5    170.00000    55.00000    1.00000
  6    169.00000    69.00000    1.00000
  7    155.00000    48.00000    0.00000
  8    153.00000    44.00000    0.00000
  9    162.00000    49.00000    0.00000
 10    158.00000    58.00000    0.00000
 5 ?
```

図 1.5 データを Excel ファイルから読み取り，PRINT コマンドを使って正しく入力されていることを確認する．

表 1.2 分布を表す指標の推定結果

```
              Univariate statistics
        ============================
Number of Observations: 10
             Mean      Std Dev     Minimum      Maximum
    X    163.30000    6.86456    153.00000    175.00000
    Y     54.60000    7.83440     44.00000     69.00000

              Sum      Variance    Skewness     Kurtosis
    X   1633.00000    47.12222     0.11809     -0.54392
    Y    546.00000    61.37778     0.50070     -0.55863
```

$$s^2 = \frac{\sum (X_i - \overline{X})^2}{(n-1)} \tag{1.1}$$

で計算されます．標準偏差 s は分散の平方根です．

歪度 a_3 は，非対称度を表す指標で，

1.4 TSPによる簡単なデータの分析

$$a_3 = \frac{n}{(n-1)(n-2)} \sum \left(\frac{X_i - \overline{X}}{s} \right)^3 \tag{1.2}$$

で計算されます．分布が平均に対して対称の場合は 0 となり，この値が正の場合は右の裾が，負ならば左の裾が長くなっています．

尖度 a_4 は，正規分布に比較しての分布の中心の周囲の尖り具合を表し，

$$a_4 = \frac{n(n+1)}{(n-1)(n-2)(n-3)} \sum \left(\frac{X_i - \overline{X}}{s} \right)^4 - \frac{3(n-1)^2}{(n-2)(n-3)} \tag{1.3}$$

で計算されます．正規分布の場合 0，正規分布より尖っている場合正の値，尖っていない場合負の値となります．

次に

MSD(ALL)X Y;

とカッコ内に ALL というオプションを加えて下さい．いままでの指標に加えて，中央値(median, 中央値は第 2 四分位点，50% 分位点でもあります)，第 1 四分位点 (25% 分位点, first quartile, 1st Qrt)，第 3 四分位点 (75% 分位点, third quartile, 3rd Qrt)，四分位範囲 (第 3 四分位点-第 1 四分位点, inter-quartile range, IQ range) が表示されます (表 1.3)．

表 1.3 MSD コマンドに ALL オプションを加えると中央値，四分位点が表示される．

	Median	1st Qrt	3rd Qrt	IQ Range
X	163.00000	157.25000	169.25000	12.00000
Y	53.50000	48.00000	61.25000	13.25000

身長と体重の共分散，相関係数を計算してみましょう．

COVA X Y;

CORR X Y;

と入力して下さい．COVA X Y; によって，X と Y の分散と共分散が共分散行列 (covariance matrix) の形で表示されます．対角成分は各変数の分散で，それ以外の成分が表示されている 2 変数に対応する共分散となっています．次に，CORR X Y; によって相関係数が相関行列 (correlation matrix) として出力されます．この場合，対角成分はすべて 1.0 となり，それ以外が相関係数となっています．

このデータでは共分散 $s_{XY}=36.91$, 相関係数 $r_{XY}=0.6863$ となります. なお, 共分散は s_{XY} は

$$s_{XY}=\frac{\sum (X_i-\bar{X})(Y_i-\bar{Y})}{(n-1)} \qquad (1.4)$$

で計算されます. 個々の変数のいろいろな指標や変数間の共分散, 相関係数などを一度に求めたい場合は,

MSD(ALL,COVA,CORR)X Y;

というようにカッコ内にオプションを加えます. COVA(MSD,ALL,CORR)X Y;やCORR(MSD,ALL,COVA)X Y;としても同じ結果を求めることができます.

1.4.2 与えられた条件を満足するデータの選択

TSPでは, 与えられた条件を満足するデータのみを選び出して分析を行うことが, 簡単にできます. 男性を選び出して, 分析を行ってみましょう. 男性はZ=1ですので,

SELECT Z=1;

と入力します. SELECTは条件にあったデータを抽出する命令で,"Current sample: 1 to 2, 4 to 6"と, 条件を満足するデータ(1~2と4~6)が表示されます. 以後, 分析はこのデータのみを使って行われま

表 1.4 共分散, 相関行列の推定結果

```
        Results of Covariance procedure
        ===============================
Number of Observations: 10
                            Covariance Matrix
                       X                      Y
X               47.12222
Y               36.91111               61.37778

        Results of Covariance procedure
        ===============================
Number of Observations: 10
                            Correlation Matrix
                       X                      Y
X                1.00000
Y                0.68634                1.00000
```

す（なお，SELECT のかわりに SMPLIF とすることができます．SELECT と SMPLIF は同一の命令です）．
  MSD X Y;
と入力すると，男性の身長，体重の分布を表す指標を求めることができます．女性について分析を行いたい場合は，女性は Z=0 ですので，
  SELECT Z=0;
と入力します．160 cm 以下の人を選び出して分析を行いたい場合は，
  SELECT X<=160;
とします．

2つ以上の条件を使ってデータの選択を行いたい場合は，& および | を使います．& は，同時に条件を満す（AND の機能）データ，| はどちらか一方の条件を満たす（OR の機能）データの選択に使います．身長が 160 cm 以上 170 cm 未満のデータを選びたい場合は，
  SELECT X>=160 & X<170;
とします．男性または体重 50 kg 以上のデータ場合は，
  SELECT Z=1 | Y>=50;
とします．

3つ以上の条件を組み合わせた複雑な条件で選択を行う場合は，( ) を使用します．たとえば，身長 160 cm 以上 170 cm 未満または体重 50 kg 以上 60 kg 未満のデータは，
  SELECT (X>=160 & X<170) | (Y>=50 & Y<60);
とします．

特定のデータの選択をやめ，データ全体を使用する場合は，
  SELECT 1;
と入力します．

1.4.3 分析結果のファイルへの保存

これまでの分析結果は，パソコンのモニターの画面に出力されていましたので，新しい分析を行ったり，TSP を終了させたりすると，せっかくの分析結果は消えてしまいました．TSP では，分析結果をテキストファイルとして保存することができます．C:¥TSPEX に RES1 という名前のファイルを作り分析結果を保存してみましょう．

OUTPUT 'C:¥TSPEX¥RES1';

と入力して下さい。"TSP output will be in: C:¥TSPEX¥RES1.OUT"という表示が現れ，以後の分析結果は，モニターの画面ではなく，RES1.OUTに出力されます。タイプ名のOUTは自動的に加えられますので，指定しないで下さい。

PRINT N X Y Z;
MSD(COVA,CORR)X Y;

と入力すると，分析結果は画面には現れず，ファイルに保存されます。ファイルへの保存を終了させるには，

TERM;

と入力します。ファイルへの書き出しが終了し，分析結果が再び画面に現れるようになります。結果はテキストファイルの形で保存されていますので，簡単に印刷や編集を行うことができます。

なお，再び分析結果を保存する場合，前回と同一のファイル名を指定すると（ここでの例ではOUTPUT 'C:¥TSPEX¥RES1';と入力する。），これまでの結果は消去されてしまいます。したがって，別の分析結果を保存する場合は，ファイル名を変更する（たとえばOUTPUT 'C:¥TSPEX¥RES2';のように）必要がありますので注意して下さい。

結果が正しく保存されているかどうかを確認してみましょう。

SYSTEM;

と入力して下さい。TSPが一時中断され，コマンドプロンプトのモードとなり

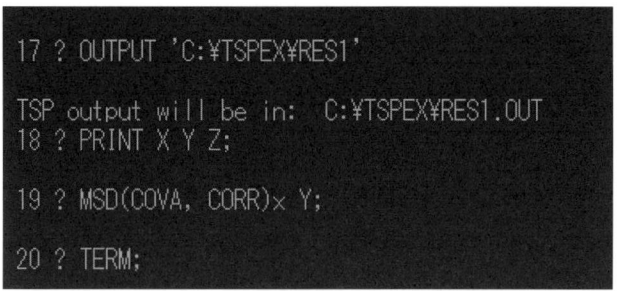

図 1.6 OUTPUTコマンドで指定されたファイルに結果が書き出され，画面には出力されない。ファイルへの保存を終了するには，TERMコマンドを使う。

ますので，
　TYPE C:￥TSPEX￥RES1.OUT
として，結果を確認して下さい．TSPに戻りますので，
　EXIT
と入力して下さい．

1.4.4　同一のコマンドの繰り返し

　前項では，分析結果のファイルの書き出しについて説明しました．対話形式で分析を行う場合，まず，分析結果をモニターの画面に出力させ，その後に必要な結果をファイルに保存することがほとんどです．このためには，同一のTSPコマンドを複数回実行させることになりますが，いちいちTSPコマンドをキーボードから入力していくのでは，複雑なTSPコマンドの場合など，煩雑ですし，間違いの原因になります．

　このため，TSPでは，これまでに入力したTSPコマンドを再実行する命令が用意されています．まず，これまでに入力したTSPコマンドを確認しましょう．
　REVIEW;
とタイプして下さい．これまでに入力したすべてのTSPコマンドが画面に表示されます（なお，多くのTSPコマンドが入力された場合など，一部だけを表示した方が便利です．一部を表示するには，REVIEW ［最初の行番号］［最後の行番号］；とします．たとえば5～15行までを表示するには，REVIEW 5 15;とします）．

　再実行させたいコマンドの番号を確認して下さい．再実行はEXECコマンドを使い，その後に再実行させる行の番号を指定します．たとえば，11行を再実行させるためには，
　EXEC 11;
と入力します．なお，EXECでは一部再実行できないコマンド（REVIEWなど）がありますので注意して下さい．

　EXECによる再実行は，分析結果のファイルへの書き出しを行う場合ばかりでなく，異なった基準で選択されたいくつかのサンプルに対して同一の分析を行う場合などに有効です．EXEC命令を使って，いくつかのコマンドを再実行してみて下さい．

1.4.5 オンライン・ヘルプ

TSPには，いろいろな処理を実行するコマンドがありますので，コマンドの正確なスペルやその意味がわからなくなることがあります．詳しい説明はマニュアルなどを調べる必要がありますが，スペルや簡単な説明は，オンライン・ヘルプ(online help)を使って知ることができます．コマンドの種類やスペルを知るには，

HELP COMMANDS;

と入力すると，コマンドのリストが表示されます（図1.7）.

さらに個々のコマンドについての説明は，HELP コマンド名；と入力します．たとえば，MSDについて知りたい場合は，

HELP MSD;

と入力します．機能，オプションなどについての情報を得ることができます（図1.8）.

本章での対話モードによる説明はこれで終わります．

END;

と入力してTSPを終了させてください．

```
21 ? HELP COMMANDS;

ACTFIT   ADD      ANALYZ   AR1      ARCH     ASMBUG   BJEST    BJFRCST  BJIDENT  CAPITL
CD       CDF      CLEAR    CLOSE    COINT    COLLECT  COMPRESS CONST    CONVERT  COPY
CORR     COVA     DATE     DBCOMP   DBCONV   DBCOPY   DBDEL    DBDUMP   DBLIST   DBPRINT
DEBUG    DELETE   DIFFER   DIR      DIVIND   DO       DOC      DOT      DROP     DUMMY
DUMP     EDIT     ELSE     END      ENDDO    ENDDOT   ENDPROC  ENTER    EQSUB    EXEC
EXIT     FETCH    FIML     FIND     FORCST   FORM     FREQ     FRML     GENR     GMM
GOTO     GRAPH    HELP     HELPR    HIST     IDENT    IF       IN       INPROD   INPUT
INST     INTERVAL INV      KALMAN   KEEP     KERNEL   LAD      LENGTH   LIML     LIST
LMS      LOCAL    LOGIT    LSQ      MADD     MATRAN   MATRIX   MDIV     MEDIV    MEMULT
MFORM    ML       MMAKE    MMULT    MODEL    MOMENT   MSD      MSQUARE  MSUB     NAME
NEGBIN   NOPAUSE  NOPLOTS  NOPRINT  NORMAL   NOSUPRES OLSQ     OPTIONS  ORDPROB  ORTHON
OUT      OUTPUT   PAGE     PANEL    PARAM    PAUSE    PLOT     PLOTS    POISSON  PRIN
PROBIT   PROC     QUIT     RANDOM   READ     RECOVER  REGOPT   RELOAD   RENAME   RESTORE
RETRY    REVIEW   SAMA     SAMPSEL  SAVE     SELECT   SET      SHOW     SIML     SMPL
SMPLIF   SOLVE    SORT     STOP     STORE    SUPRES   SUR      SYMTAB   SYSTEM   T2YMLT
TERMINAL THEN     THSLS    TITLE    TOBIT    TREND    TSTATS   UNMAKE   UPDATE   USER
VAR      VGVMLT   WRITE    YFACT    YINV     YLDFAC   YQUAD
22 ?
```

図 1.7「HELP COMMANDS;」と入力するとコマンドのリストが表示される．

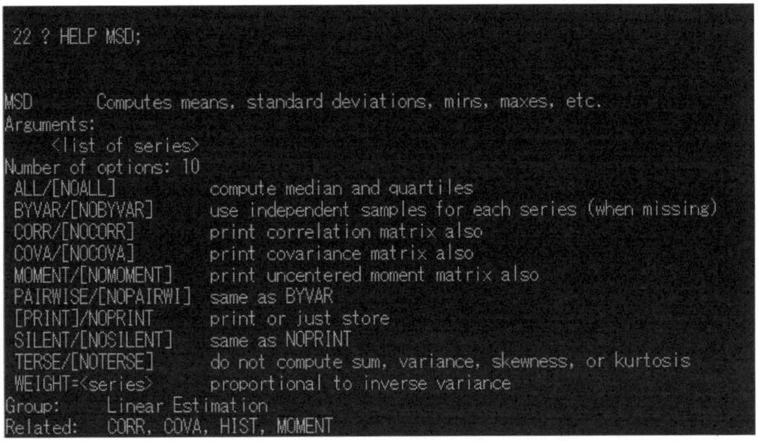

```
22 ? HELP MSD;

MSD        Computes means, standard deviations, mins, maxes, etc.
Arguments:
     <list of series>
Number of options: 10
 ALL/[NOALL]            compute median and quartiles
 BYVAR/[NOBYVAR]        use independent samples for each series (when missing)
 CORR/[NOCORR]          print correlation matrix also
 COVA/[NOCOVA]          print covariance matrix also
 MOMENT/[NOMOMENT]      print uncentered moment matrix also
 PAIRWISE/[NOPAIRWI]    same as BYVAR
 [PRINT]/NOPRINT        print or just store
 SILENT/[NOSILENT]      same as NOPRINT
 TERSE/[NOTERSE]        do not compute sum, variance, skewness, or kurtosis
 WEIGHT=<series>        proportional to inverse variance
Group:     Linear Estimation
Related:   CORR, COVA, HIST, MOMENT
```

図 1.8 「HELP MSD;」と入力すると，MSD コマンドについての情報が出力される．

1.5 GiveWinによるバッチ処理

いままでは，対話形式による TSP の利用について説明しましたが，TSP コマンドのファイルを事前に作って，それによって分析を行うことも可能です．これをバッチ (batch) 処理とよび，大型機などでの利用，複雑なモデルの分析，同じような分析を繰り返し行う場合などに使います．TSP 5.0 では GiveWin を使うことによって，バッチ処理を対話形式と同じように行うことができますので，本節では GiveWin について説明します（本書では GiveWin 2 を使っています．この他，TSP のバッチ処理を行うプログラムに Looking Glass がありますが，Windows XP の日本語環境では Looking Glass は使用することができません）．

パソコンの画面上の GiveWin アイコンまたは，[スタート] → [すべてのプログラム] → [GiveWin] → [GiveWin] をクリックして GiveWin を起動して下さい（図 1.9）．GiveWin のインストールについては注意点がありますので，これについて簡単に説明します．初めて GiveWin を使う場合は，ライセンス・コードなどを登録する必要があります（図 1.10）（これを行わないと GiveWin は使用できません）．メニューバーの [Help] → [Enter Registration Code] をクリックして下さい．「Register GiveWin」のボックスが現れますので，与えられた

22   1. TSP 入門

図 1.9　パソコンの画面上の GiveWin アイコンまたは，[スタート] → [すべての
　　　　プログラム] → [GiveWin] → [GiveWin] をクリックして GiveWin を起
　　　　動する．

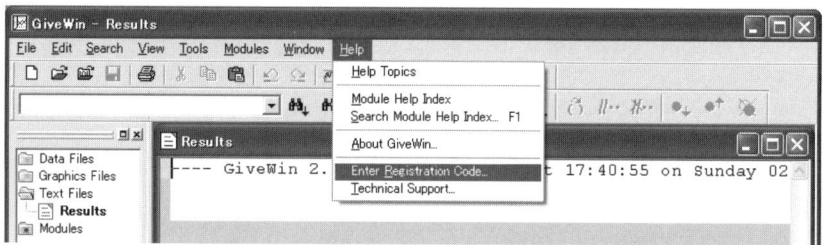

図 1.10　初めて GiveWin を使う場合は，ライセンス・コードなどを登録する必要がある．
　　　　（これを行わないと GiveWin は使用できない．）メニューバーの [Help] →
　　　　[Enter Registration Code] をクリックする．「Register GiveWin」が現れるの
　　　　で，与えられたライセンスコード，名前，所属を入力し，[Register] をクリッ
　　　　クして登録を行う．

1.5 GiveWin によるバッチ処理

ライセンスコード，名前，所属を入力し，[Register] をクリックして登録を行って下さい（図 1.10）．

1.5.1 新規のコマンドファイルの作成

次に，メニューバーの [File] → [New] をクリックします（図 1.11）．「新規」のボックスが現れますので，[TSP Program] をクリックします（古いバージョンのものには [TSP Program] はありませんので，その場合は [Text] をクリックします）．

図 1.11 メニューバーの [File] → [New] をクリックする．「New Document」のボックスが現れるので，[TSP Program] をクリックする．（古いバージョンのものには [TSP Program] がないものもあり，その場合は [Text] をクリックする．）

TSP のコマンドを入力するウィンドウが現れますので，次のプログラムを入力して下さい（図 1.12）．（通常のエディターと同じに入力することができます）．

```
FREQ N;
SMPL 1 10;
LOAD(FILE='C:\TSPEX\DATA3.XLS');
PRINT N X Y Z;
MSD(ALL, COVA, CORR)X Y;
SELECT Z=1;
MSD(ALL, COVA, CORR)X Y;
SELECT Z=0;
MSD(ALL, COVA, CORR)X Y;
END;
```

GiveWin のエディタは英語モードで作動しますので，¥は\（バックスラッシュ）で表わされます（¥を入力すると\が表示されます）．番号，身長，体重，性別のデータは，テキストファイルで C:¥TSPEX のフォルダ（ディレクトリ

1. TSP 入門

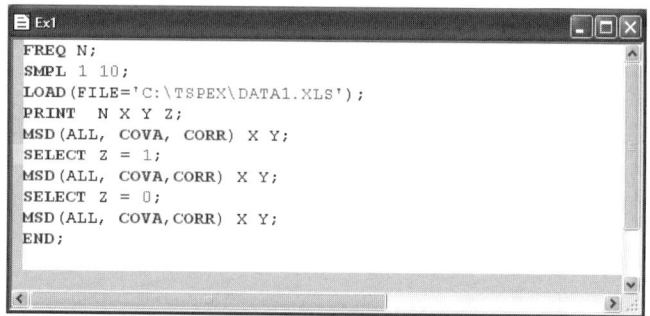

図 1.12 TSP のコマンドを入力するウィンドウが現れるので，次のプログラムを入力する．

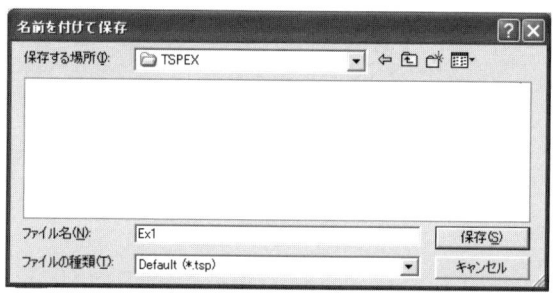

図 1.13 ［File］→［Save As］をクリックする．「名前を付けて保存」のボックスが現れるので，フォルダ（ディレクトリ）を C：ドライブの「TSPEX」とする．「ファイル名 (N)」を EX1 とし，「ファイルの種類 (T)」を TSP ファイル［(*.tsp)］とする．

一）に DATA3.XLS という名前で保存されているものとします．これはすでに学習したように身長と体重のデータを分析する TSP のコマンドのファイルですが，これを GiveWin を使ってバッチ処理によって実行してみましょう．

まず，これを TSP のコマンドファイルとして保存します．［File］→［Save As］をクリックして下さい（図 1.13）．「名前を付けて保存」のボックスが現れますので，フォルダ（ディレクトリ）を C:ドライブの「TSPEX」とします．「ファイル名 (N)」を Ex1 とし，「ファイルの種類 (T)」を TSP ファイル［(*.tsp)］とします（最初に［TSP Program］を選択した場合は，デフォルトで TSP ファイル［(*.tsp)］となっています．［Text］の場合は，TSP ファイル［(*.tsp)］を選択する必要があります）．［保存］をクリックしてファイル保存します．ファイルの種類が tsp でないと実行することはできません．

1.5.2 実行・結果の出力

プログラムを実行するには，ツールバーの [Run] のボタンをクリックするか，メニューバーの [Module] → [Run TSP] をクリックします（図 1.14）．TSP によるデータの分析が行われ，その結果が Ex1.out のボックスに出力されます（図 1.15）．結果を保存するには，このウィンドウをクリックして，アクティブとして，[File] → [Save] をクリックします．「名前を付けて保存」のボックスが現れますので「保存」をクリックします．C:¥TSPEX のフォルダに Ex1.out というファイル名で結果が保存されます．

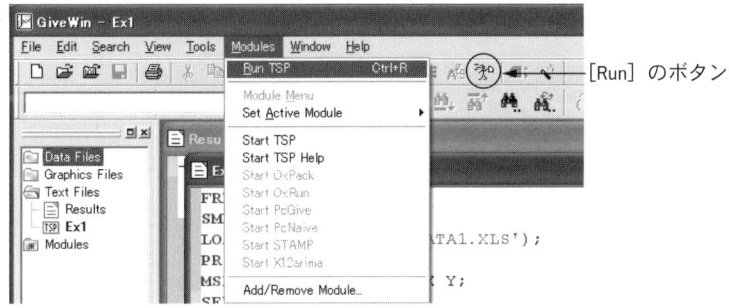

図 1.14 プログラムを実行するには，ツールバーの [Run] のボタンをクリックするか，メニューバーの [Module] → [Run TSP] をクリックする．

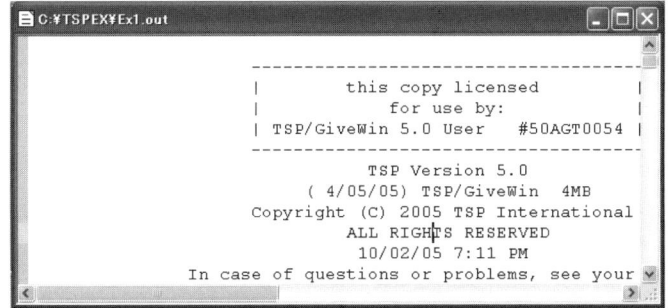

図 1.15 TSP によるデータの分析が行われ，その結果が Ex1.out のボックスに出力される．

TSP のコマンドを変更するなどして引き続き分析を行う場合は，TSP のコマンドを入力した Ex1 のウィンドウをクリックして必要な変更を加えて実行します．この場合，TSP のコマンドファイルは自動的に保存されて書き換えられま

すので，元のコマンドファイルが必要な場合は，実行前に別の名前を付けて保存して下さい（なお，結果は自動的に保存されませんので，別に保存する必要があります）．GiveWin を終了しますので，[File] → [Exit] をクリックして下さい．

1.5.3 作成済みのコマンドファイル利用

すでに作成した TSP のコマンドファイルを使用するには，[File] → [Open] をクリックします（図 1.16）．「Open」のボックスが現れますので，フォルダを [TSPEX]，ファイルの種類を tsp（GiveWin 2 では，Code(*.alg,*.fl,*.ox, *.tsp)）として，Ex1.tsp を選択して，[開く (O)] をクリックします．

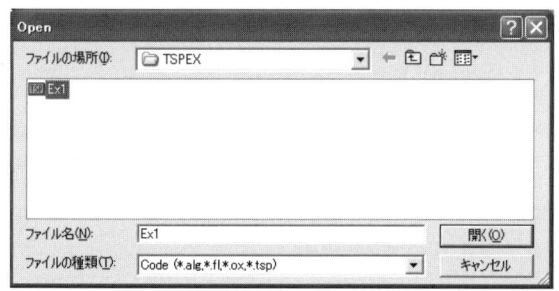

図 1.16 すでに作成した TSP のコマンドファイルを使用するには，[File] → [Open] をクリックする．フォルダを [TSPEX]，ファイルの種類を tsp として，Ex1.tsp を選択して，[開く (O)] をクリックする．

1.6 フォルダ（ディレクトリ）の作成

C:¥TSPEX のフォルダを作成するには，[スタート] → [すべてのプログラム] → [マイ コンピュータ] をクリックします（図 1.17）．「マイコンピュータ」のボックスが現れるので，[ローカル ディスク (C:)] をダブルクリックします（図 1.18）．[ファイル (F)] → [新規作成 (W)] → [フォルダ (F)] をクリックすると，[新しいフォルダ] が現れるのでその名前を「TSPEX」とします（図 1.19, 1.20）．

1.6 フォルダ（ディレクトリ）の作成

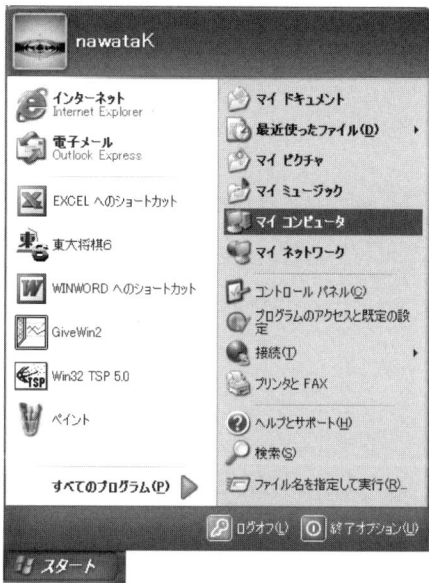

図 1.17 C：¥TSPEX のフォルダを作成するには，［スタート］
→［すべてのプログラム］→［マイ　コンピュータ］を
クリックする．

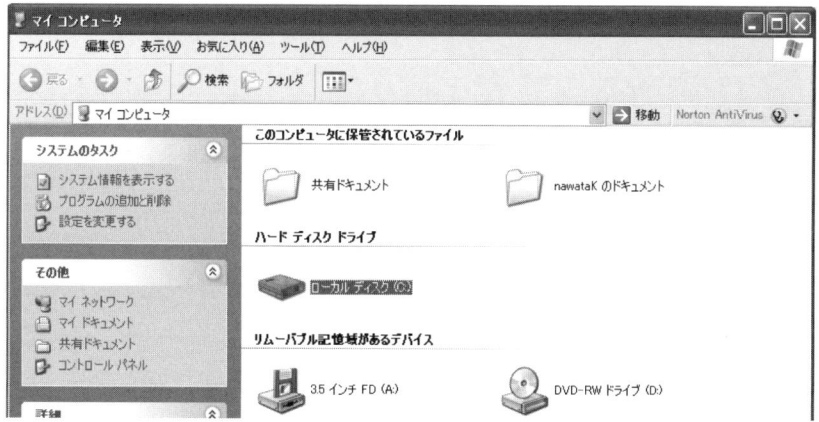

図 1.18 ［ローカル　ディスク（C：）］をダブルクリックする．

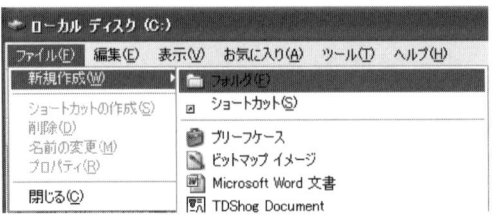

図 1.19 ［ファイル（F）］→［新規作成（W）］→［フォルダ（F）］をクリックする.

図 1.20 ［新しいフォルダ］が現れるのでその名前を「TSPEX」とする.

1.7 欠損値の取り扱い

　実際のデータでは，一部のデータが欠けている場合があります．身長，体重のデータを調べたところ，身長や体重の一部のデータが欠け存在しなかったとします．このようなデータを欠損値(missing value)と呼びます．このようなデータを表すのには，入力時にピリオド．を入力します．すなわち，XとYのデータが，

```
   X     Y
  175    61
  165    62
  162   欠損値
  164    52
 欠損値   55
```

であったとします．この場合，

```
LOAD X Y;
175 61
165 62
162 .
164 52
  . 55;
```

と入力します．

外部ファイルから入力する場合は，欠損値は
- テキストファイルの場合，ピリオド．
- Excel ファイルの場合，セルを空白

にします．

欠損値がある場合，分析は欠損値をのぞいて行われますが，"WARNING: Missing values for series" という警告文と欠損値の数が表示されます．

1.8 演習問題

次表は，15人の身長と体重のデータです．これを TSP に入力し，全体および男女別に

1. 身長・体重の平均，分散，四分位点などの値
2. 身長と体重の共分散，相関係数

を求めて下さい．

表 1.5 15人の身長, 体重, 性別のデータ

番号	身長 (cm)	体重 (kg)	性別 (男：1，女：0)
1	178	63	1
2	165	62	1
3	170	72	1
4	168	58	1
5	152	39	0
6	170	75	1
7	175	71	1
8	162	60	1
9	165	52	0
10	168	69	1
11	160	51	0
12	164	51	0
13	153	43	0
14	162	53	0
15	157	48	0

2. 回帰分析の基礎

　回帰分析（regression analysis）は，2変数 X, Y の2次元データがあるとき，Y を X で定量的に説明する回帰式（regression equation）と呼ばれる式を求めることを目的としています．説明される変数 Y は従属変数，被説明変数，内生変数などと，説明する変数 X は独立変数，説明変数，外生変数などと呼ばれています．回帰分析は，計量経済モデルを使った分析において中心的な役割をはたす非常に重要な方法です．本章では，説明変数がただ1つのモデル（この場合を単回帰分析，単純回帰分析（simple regression analysis）と呼びます）を使って回帰分析の基礎を説明します．

2.1 回帰モデル

2.1.1 線形回帰モデル

　表2.1は，1970年から2003年までの実質GDP（国内総生産，2000年価格）と日本の銅消費量の推移のデータです．銅消費量は，World Metal Statistics, World Bureau of Metal Statistics, 実質GDPは世界銀行（World Bank）のデータ（World Indicator）のものです．ここでは，実質GDPの変化がどの程度銅消費量に影響するか，について分析してみましょう（この関係を知ることは，銅の需要量の将来予測などの点で非常に重要です．なお，銅消費量には，実質GDP以外にもいろいろな要素が影響すると考えられますが，説明を簡単にするため，その他の要素の影響は無視できるものとします）．

　実質GDPを横軸，銅消費量を縦軸とし，これを X-Y グラフ（散布図）に表すと，図2.1が得られます．この図から，
- 実質GDPが増加するに従って，銅消費量は増加する傾向がある．
- 実質GDPが同じような値であっても，銅消費量にはばらつきがある．

ということがわかります．ここでの分析の目的は，銅消費量を実質GDPで説明

表 2.1 日本の銅消費量と実質 GDP

年	銅消費量 (千トン)	実質 GDP (2000 年価格, 兆円)
1970	821	194
1971	806	203
1972	951	221
1973	1,202	238
1974	881	235
1975	827	243
1976	1,050	252
1977	1,127	263
1978	1,241	277
1979	1,330	293
1980	1,158	301
1981	1,254	310
1982	1,243	318
1983	1,216	323
1984	1,368	333
1985	1,226	350
1986	1,211	361
1987	1,277	374
1988	1,331	400
1989	1,447	421
1990	1,577	443
1991	1,613	458
1992	1,411	462
1993	1,384	463
1994	1,375	468
1995	1,415	477
1996	1,480	494
1997	1,441	503
1998	1,255	497
1999	1,293	497
2000	1,349	511
2001	1,145	514
2002	1,164	512
2003	1,202	525

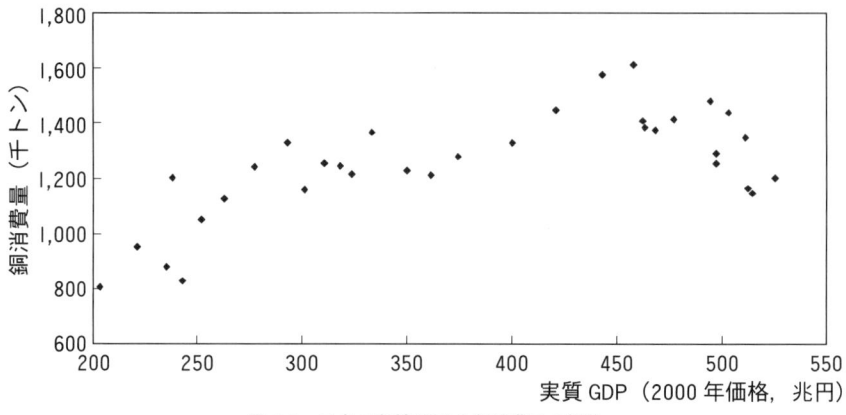

図 2.1 日本の実質 GDP と銅消費量の推移

することです．銅消費量のように「説明される変数」は被説明変数，従属変数，内生変数などと呼ばれ，実質 GDP のように「説明する変数」は説明変数，独立変数，外生変数などと呼ばれます．

説明変数を X，被説明変数を Y とすると，X によって系統的に変化する部分と，それ以外のばらつきの部分に分けて分析することが考えられます．X によって系統的に変化する部分を y として，x の関数で，

$$y = \beta_1 + \beta_2 x \qquad (2.1)$$

と表されるとします．これは，回帰方程式や回帰関数（regression function）と呼ばれます．本章では，y が x の線形関数である線形回帰（linear regression）のみを考えます．なお，元の回帰関数が非線形であっても，次節に示すように，対数をとるなどの関数変換によって線形モデルに変更可能な場合や，あるいはテーラー展開などによって近似可能な場合も数多くあります．このように，線形モデルは応用範囲が非常に広く，計量経済モデルの中心的なモデルとなっています．

ここで，i 番目の観測値を (X_i, Y_i)，ばらつきの部分を u_i とすると

$$Y_i = \beta_1 + \beta_2 X_i + u_i, \quad i = 1, 2, ..., n \qquad (2.2)$$

となります．このモデルは，母集団において成り立つ関係ですので，母回帰方程式（population regression equation）と呼ばれています．β_1，β_2 は母（偏）回帰係数（population (partial) regeression coefficient）と呼ばれる未知のパラメ

ータです．u_iは誤差項（error term）と呼ばれます．X_i, u_iは次の条件（標準的な仮定）を満たすものとします．

- ●仮定1
  X_iは確率変数でなく，すでに確定した値をとる．
- ●仮定2
  u_iは確率変数で期待値が0．すなわち，$E(u_i)=0$, $i=1, 2, ..., n$.
- ●仮定3
  異なった誤差項は無相関．すなわち，$i \neq j$であれば，$Cov(u_i, u_j) = E(u_i u_j) = 0$.
- ●仮定4
  誤差項の分散が一定でσ^2．すなわち，$V(u_i) = E(u_i^2) = \sigma^2$, $i=1, 2, ..., n$.

ここで，Eは期待値を，Covは共分散を，Vは分散を表す記号です．この条件のもとでは，Y_iの期待値は，

$$E(Y_i) = \beta_1 + \beta_2 X_i \tag{2.3}$$

となります．

2.1.2 線形回帰モデルに変換可能なモデル

線形回帰モデルは，計量経済モデルで中心的な役割を果たすモデルですが，元の関数が非線形でも，変換によって線形モデルに変換可能な場合があります．ここでは，応用上も重要な例として，成長率モデルと弾性値モデルについて説明します．なお，対数をとるなどの関数変換を行うと，回帰係数の意味するものが次の例のように異なってきますので，よく理解して変換を行って下さい．

● 成長率モデル

回帰方程式が，

$$z = a \cdot b^x \tag{2.4}$$

であるとします．このモデルは，成長率モデルと呼ばれ，経済成長率や消費量の伸び率など一定の割合で増加するものの分析に用いられます．両辺の対数をとると（対数はとくに明記しない限り自然数$e=2.7182\cdots$を底とする自然対数とします），

$$\log z = \log a + x \log b \tag{2.5}$$

となりますから，$y = \log z$, $\beta_1 = \log a$, $\beta_2 = \log b$とおくと，線形モデルとなります．

このモデルや回帰係数の意味を考えてみましょう．いま，データが時系列データであり，ある変数の時刻 t における変数 z の値とし，z_t は t から $t+1$ の間に一定の割合 $100 \cdot r\%$ だけ増加し，$t+1$ には $z_{t+1} = z_t(1+r)$ になるものとします．$t=0$ における値を z_0 としますと，

$$z_t = z_0(1+r)^t \tag{2.6}$$

となります．両辺の対数をとり，$t=x$ とすると (2.5) 式のモデルとなりますが，伸び率 r が小さいとすると，$\beta_2 = \log(1+r) \approx r$ ですので，β_2 は単位時間あたりの伸び率を表していることになります．

● 弾性値モデル

回帰方程式が

$$z = a \cdot w^b \tag{2.7}$$

であるとします．このモデルは，弾性値モデルと呼ばれ，価格の変化に対する消費量や生産量の変化の分析など，幅広く使われています．両辺の対数をとると，

$$\log z = \log a + b \log w \tag{2.8}$$

ですので，$y = \log z$，$\beta_1 = \log a$，$\beta_2 = b$，$x = \log w$ とすると線形モデルがえられます．

このモデル，回帰係数の意味について考えてみましょう．計量経済モデルでは，説明変数と被説明変数の変化率の関係について求めたいことが多くあります．変化率の関係は弾性値 (elasticity) と呼ばれますが，w と z の弾性値は，

$$\varepsilon = \frac{z \text{の変化率}}{w \text{の変化率}} = \frac{\Delta z/z}{\Delta w/w} \tag{2.9}$$

となります．弾性値 ε は，w が 1% 変化した場合 z が何% 変化するかを示します．ここで，Δw を 0 に近づけていった極限を考えると，$\varepsilon = \dfrac{dz/z}{dw/w}$ となります．$\log z$，$\log w$ の微分を考えると，$d \log w / dw = 1/w$，$d \log z / dz = 1/z$ ですから，微分のルールによって，弾性値 ε は，

$$\varepsilon = \frac{d \log z}{d \log w} \tag{2.10}$$

となります．(2.8) 式から，$d \log z / d \log w = \beta_2$ ですので，結局，$\beta_2 = \varepsilon$ となります．すなわち，説明変数，被説明変数の両方の対数をとり線形モデルにした場合，β_2 は弾性値を意味します．

2.2 最小二乗法による推定

2.2.1 回帰係数の推定

β_1, β_2 は未知のパラメータですから,得られたデータ $(X_1, Y_1), (X_2, Y_2), \ldots,$ (X_n, Y_n) から推定する必要があります.いま,Y_i のうち X_i で説明できない部分は,

$$u_i = Y_i - (\beta_1 + \beta_2 X_i)$$

ですが,符号の影響をとりのぞくため二乗し,その総和

$$S = \sum u_i^2 = \sum \{Y_i - (\beta_1 + \beta_2 X_i)\}^2 \tag{2.11}$$

を考えます.S は説明できない部分の大きさを表していますので,できるだけ小さい方が望ましいと考えられます.S を最小にして β_1, β_2 の推定量 $\hat{\beta}_1$, $\hat{\beta}_2$ を求める方法を最小二乗法 (least squares method),$\hat{\beta}_1$, $\hat{\beta}_2$ を最小二乗推定量 (least squares estimator) と呼びます.$\hat{\beta}_1$, $\hat{\beta}_2$ は S を偏微分して 0 とおいた

$$\frac{\partial S}{\partial \beta_1} = -2 \sum (Y_i - \beta_1 - \beta_2 X_i) = 0$$

$$\frac{\partial S}{\partial \beta_2} = -2 \sum (Y_i - \beta_1 - \beta_2 X_i) X_i = 0$$

から求めることができますが,これを解くと

$$\hat{\beta}_2 = \frac{\sum (X_i - \overline{X})(Y_i - \overline{Y})}{\sum (X_i - \overline{X})^2} \tag{2.12}$$

$$\hat{\beta}_1 = \overline{Y} - \hat{\beta}_2 \overline{X}$$

となります.$\overline{X}$, $\overline{Y}$ は X と Y の標本平均です.$\hat{\beta}_2$ は X と Y の標本共分散を X の標本分散で割った形になっています.$\hat{\beta}_1$, $\hat{\beta}_2$ は,標本(偏)回帰係数 (sample (partial) regression coefficient),$y = \hat{\beta}_1 + \hat{\beta}_2 x$ は,標本回帰方程式 (sample regression equation) または標本回帰直線 (sample regression line) と呼ばれます.

また,$E(Y_i)$ の標本回帰方程式による推定量(回帰値 (regressed value) やあてはめ値 (fitted value) と呼ばれます)を

$$\hat{Y}_i = \hat{\beta}_1 + \hat{\beta}_2 X_i \tag{2.13}$$

とすると,

$$e_i = Y_i - \hat{Y}_i \tag{2.14}$$

は，X_i で説明されずに残った部分ですが，これは回帰残差（residual）と呼ばれます．e_i は誤差項 u_i の推定量ですが，母集団にかかわらず，常に

$$\sum e_i = 0, \quad \sum e_i X_i = 0$$

を満足します（最初の式が，$\partial S/\partial \beta_1 = 0$，次の式が $\partial S/\partial \beta_2 = 0$ に対応しています）．

u_i の分散 σ^2 は，e_i から

$$s^2 = \frac{\sum e_i^2}{(n-2)} \tag{2.15}$$

で推定します．$(n-2)$ で割るのは，e_i に2つの制約式があり，その自由度が失われてしまうためです．推定量に実際に得られたデータの値を代入して得られた数値を，推定値（estimate）と呼びます．

2.2.2 最小二乗推定量の性質と分散

$\hat{\beta}_1$，$\hat{\beta}_2$ を求めるのに最小二乗法を用いましたが，これはなぜでしょうか．説明できない部分 $u_i = Y_i - (\beta_1 + \beta_2 X_i)$ の符号の影響をとりのぞくならば，二乗でなくたとえば絶対値の和を考えて，

$$D = \sum |u_i| = \sum |Y_i - (\beta_1 + \beta_2 X_i)|$$

を最小にする推定量を考えてもよいはずです（絶対値の和を最小にする推定方法は，最小絶対偏差法（least absolute deviations method），推定量は最小絶対偏差推定量（least absolute deviations estimator）と呼ばれています）．この理由は，われわれが，代表値として期待値・平均を考え，u_i に対して $E(u_i) = 0$ 以下3つの条件を仮定しているためです．この条件下では，最小二乗推定量は，他の推定量にない優れた性質を持っています．なお，本書のレベルをこえていますので詳細は省略しますが，最小絶対偏差法は代表値として中央値を考え，u_i の中央値 = 0 としたモデルに対応しています．最小絶対偏差推定量は最小二乗推定量に比べて計算が難しいことが問題とされてきましたが，コンピュータや数値計算法の進歩によって現在では比較的簡単に計算が可能となっています．TSPには最小絶対偏差推定量を計算するLADというコマンドが用意されています．

まず，$\hat{\beta}_1$，$\hat{\beta}_2$ は，

$$E(\hat{\beta}_1) = \beta_1, \quad E(\hat{\beta}_2) = \beta_2$$

で不偏推定量となります（s^2 も $E(s^2) = \sigma^2$ で σ^2 の不偏推定量です）．さらに，分散は，

$$V(\hat{\beta}_1) = \frac{\sigma^2 \sum X_i^2}{n \sum (X_i - \bar{X})^2} \tag{2.16}$$

$$V(\hat{\beta}_2) = \frac{\sigma^2}{\sum (X_i - \bar{X})^2}$$

となります．実際には，σ^2 は未知ですのでこれを s^2 で置きかえて推定します．

$\hat{\beta}_1$, $\hat{\beta}_2$ は，ガウス・マルコフの定理（Gauss-Markov theorem）によって，線形不偏推定量のなかで最も分散の小さい推定量，最良線形不偏推定量（best linear unbiased estimator, BLUE）であることが知られています（線形不偏推定量は，$\hat{\beta}_j = \sum_i c_{ij} Y_i$, $E(\hat{\beta}_j) = \beta_j$, $j=1, 2$ を満足する推定量です．Y_i の線形推定量であることは，コンピュータによる数値計算法が発達した現在ではあまり意味があることとはいえませんが，あるクラスでの最適性を表していることに間違いありません）．

とくに，u_i が互いに独立で正規分布に従うことが仮定された場合は，クラメル・ラオの不等式（Cramér-Rao's inequality）から，不偏推定量のなかで分散が最も小さくなる最良不偏推定量（best unbiased estimator, BUE）となります．

2.2.3 あてはまりのよさと決定係数 R^2

回帰方程式がどの程度よくあてはまっているか，すなわち，X が Y をどの程度よく説明しているかは，モデルの妥当性・有効性を考える上で重要な要素です．X が Y の変動の大きな部分を説明できれば価値が高いといえるし，逆にほとんど説明できなければ価値は低いといえるでしょう．あてはまりのよさを計る基準として，一般に使われるのが，決定係数（coefficient of determination）R^2 です．

Y_i の変動の総和は $\sum (Y_i - \bar{Y})^2$ ですが，このうち，回帰方程式で説明できる部分は $\sum (\hat{Y}_i - \bar{Y})^2$, 説明できない部分は $\sum e_i^2$ で

$$\sum (Y_i - \bar{Y})^2 = \sum (\hat{Y}_i - \bar{Y})^2 + \sum e_i^2$$

となります．

R^2 は，Y_i の変動のうち，説明できる部分の割合で，

$$R^2 = 1 - \frac{\sum e_i^2}{\sum (Y_i - \bar{Y})^2} = \frac{\sum (\hat{Y}_i - \bar{Y})^2}{\sum (Y_i - \bar{Y})^2} \tag{2.17}$$

となります．R^2 は $0 \leq R^2 \leq 1$ を満足し，X_i が完全に Y_i の変動を説明している場合1，まったく説明していない場合0となります．r を X_i と Y_i の標本相関係数とすると，この場合，$R^2 = r^2$ となります．

2.3 回帰係数の標本分布と検定

母回帰係数の推定以外にも，回帰分析では β_1, β_2 について検定を行うことも目的としています．そのためには，$\hat{\beta}_1$, $\hat{\beta}_2$ の標本分布を知る必要があります．ここでは，いままでの条件に加えて，$u_1, u_2, ..., u_n$ が独立で正規分布に従うとします．（なお，$u_1, u_2, ..., u_n$ が正規分布に従わない場合でも中心極限定理によっ

て，ここでの結果は漸近的に，すなわち，n が大きい場合，近似的に成り立ちます．)

2.3.1 回帰係数の標本分布

まず，$\hat{\beta}_2$ について考えますと $\sum(X_i-\bar{X})=0$ より

$$\hat{\beta}_2=\frac{\sum(X_i-\bar{X})Y_i}{\sum(X_i-\bar{X})^2}=\frac{\sum(X_i-\bar{X})(\beta_1+\beta_2 X_i+u_i)}{\sum(X_i-\bar{X})^2}=\beta_2+\frac{\sum(X_i-\bar{X})u_i}{\sum(X_i-\bar{X})^2} \quad (2.18)$$

ですので，$\hat{\beta}_2$ は独立な正規分布に従う確率変数の和となります．したがって，$\hat{\beta}_2$ の分布は

$$N\left(\beta_2, \frac{\sigma^2}{\sum(X_i-\bar{X})^2}\right) \quad (2.19)$$

の正規分布で，$(\hat{\beta}_2-\beta_2)\sqrt{\sum(X_i-\bar{X})^2}/\sigma$ は標準正規分布に従うことになります．ここで，$\hat{\beta}_2$ の標準偏差の推定量（$\hat{\beta}_2$ の標準誤差 (standard error)）を

$$s.e.(\hat{\beta}_2)=\frac{s}{\sqrt{\sum(X_i-\bar{X})^2}} \quad (2.20)$$

とすると，$(\hat{\beta}_2-\beta_2)\sqrt{\sum(X_i-\bar{X})^2}/\sigma$ の σ を s で置きかえた

$$t_2=(\hat{\beta}_2-\beta_2)/s.e.(\hat{\beta}_2) \quad (2.21)$$

は，自由度 $n-2$ の t 分布 $t(n-2)$ に従うことが知られています．

また，$\hat{\beta}_1$ の分布は，

$$N\left(\beta_1, \frac{\sigma^2\sum X_i^2}{n\sum(X_i-\bar{X})^2}\right) \quad (2.22)$$

となります．標準誤差は

$$s.e.(\hat{\beta}_1)=s\sqrt{\frac{\sum X_i^2}{n\sum(X_i-\bar{X})^2}} \quad (2.23)$$

で求めますが，

$$t_1=(\hat{\beta}_1-\beta_1)/s.e.(\hat{\beta}_1) \quad (2.24)$$

は，$\hat{\beta}_2$ の場合と同様，自由度 $n-2$ の t 分布 $t(n-2)$ に従います．

2.3.2 回帰係数の t 検定

β_2 は，回帰モデルにおいて X が Y をどのように説明しているかを表す重要なパラメータです．β_2 についての検定を行ってみましょう．帰無仮説を

$$H_0: \beta_2=a$$

とします．a は指定された定数です．対立仮説として
$H_1: \beta_2 \neq a$ （両側検定），　$H_1: \beta_2 > a$ （右片側検定），　$H_1: \beta_2 < a$ （左片側検定）

から適当なものを選びます．どのタイプの検定とするかは，検定の目的や事前の情報によって決まります．

まず，$\hat{\beta}_2$ と $s.e.(\hat{\beta}_2)$ を計算し，検定統計量

$$t_2 = (\hat{\beta}_2 - a)/s.e.(\hat{\beta}_2) \tag{2.25}$$

を求めます．帰無仮説を棄却するかどうかの臨界値は，自由度 $n-2$ の t 分布の上側確率が，$\alpha/2$，α に対応するパーセント点，$t_{\alpha/2}(n-2)$，$t_\alpha(n-2)$ から求められます．検定は t_2 と，$t_{\alpha/2}(n-2)$，$t_\alpha(n-2)$ を比較し，次のように行います．

i) $H_1: \beta_2 \neq a$ では，$|t_2| > t_{\alpha/2}(n-2)$ の場合，帰無仮説を棄却し，それ以外は採択する．

ii) $H_1: \beta_2 > a$ では，$t_2 > t_\alpha(n-2)$ の場合，帰無仮説を棄却し，それ以外は採択する．

iii) $H_1: \beta_2 < a$ では，$t_2 < -t_\alpha(n-2)$ の場合，帰無仮説を棄却し，それ以外は採択する．

なお，帰無仮説が「棄却されない」ことを「採択された」といいますが，これは帰無仮説がデータと矛盾していないということで，正しいことが積極的に証明されたのでないことに注意して下さい．

ところで，回帰方程式は X で Y を説明する分析方法ですので，X が Y を説明できるかどうか，すなわち，$H_0: \beta_2 = 0$ の検定がとくに重要となります．この検定の結果，帰無仮説が棄却された場合，回帰方程式は有意であるといいます．また，このために計算された検定統計量 $t_2 = \hat{\beta}_2/s.e.(\hat{\beta}_2)$ は t 値，t 比，t 検定量（t-ratio，t-value，t-statistic）などと呼ばれています．なお，β_2 に比べ使われることは少ないのですが，β_1 についても，t_1 を使って同様の検定を行うことができます．

2.4 回帰モデルにおける最尤法

検定の場合と同様に，$u_1, u_2, ..., u_n$ が独立で期待値 0，分散 σ^2 の正規分布 $N(0, \sigma^2)$ に従うとします．最尤法（maximum likelihood method，「さいゆうほう」と読みます）と呼ばれる，最小二乗法と異なった推定原理によって，回帰係数 β_1, β_2 や u_i の分散 σ^2 を推定することが可能です．最尤法によって得られた推定量は最尤推定量（maximum likelihood estimator, MLE）と呼ばれています．最尤法は，非常に重要な推定方法であり，これから学習する多くのモデルをこの

方法を使って推定します.

ここでは，一般的な最尤法の基礎について説明し，次いで回帰モデルにおける最尤法について説明します．

2.4.1 最尤法とは

表が出る確率が p，裏が出る確率が $q=1-p$ のコインがあり，p は未知であったとします．表が出た場合 1，裏が出た場合 0 とし，このコインを 5 回投げたところ，$(1,1,0,1,1)$ という結果が出たとします．いま，p の可能性として $p=0.2$ と $p=0.8$ があったとします．では，$p=0.2$ と $p=0.8$ のどちらがもっとも（尤も）らしいでしょうか．p が与えられた場合，このような標本が得られる確率は，

$$L(p) = p^4(1-p) \tag{2.26}$$

です．したがって，$p=0.2$ の場合，$L(p)=0.2^4 \cdot 0.8 = 0.00128$，$p=0.8$ の場合，$L(p)=0.8^4 \cdot 0.2 = 0.08192$ となり，$p=0.8$ の方が大きくもっともらしいといえます．このもっともらしさ $L(p)$ を尤度（likelihood）と呼びます．尤度 $L(p)$ は p の関数ですので，尤度関数（likelihood function）とも呼ばれます．最尤法は，尤度関数を最大にするものを推定量とする方法で，この結果得られた推定量を最尤推定量と呼びます．なお，一般の推定量と同様，最尤推定量に具体的なデータの値を代入して得られた数値は，最尤推定値（maximum likelihood estimate）と呼ばれます．

この例では，p のとりうる値は，0 から 1 までです．$L(p)$ は掛け算の形なので，対数をとって和の形にした対数尤度（log of likelihood）を考えますと，

$$\log L(p) = 4\log p + \log(1-p) \tag{2.27}$$

となります．

$$\frac{d\log L(p)}{dp} = \frac{4}{p} - \frac{1}{(1-p)}$$

ですので，$d\log L/dp = 0$ を解くと，この例では $\hat{p}=0.8$ が最尤推定値となります．

一般に，標本 $X_1, X_2, ..., X_n$ が独立で未知のパラメータ θ を含む分布 $f(x, \theta)$ に従う場合，尤度は n 個の関数の積として，

$$L(\theta) = \prod_{i=1}^{n} f(X_i, \theta) \tag{2.28}$$

となります．$\prod$ は積を示す記号です．θ が既知とすると，これは，$(X_1, X_2, ..., X_n)$ の同時確率分布関数（X_i が離散型の変数の場合）または同時確率密度関数（X_i が連続型の変数の場合）となっています．現実には，θ は未知ですので，対数をとって和の形にした対数尤度，

$$\log L(\theta) = \sum_{i=1}^{n} \log f(X_i, \theta) \tag{2.29}$$

を最大にして，最尤推定量，最尤推定値を求めます．多くの場合，解析的に最尤推定量を求めることはできませんので，数値計算によって解を求めます．最尤推定量 $\hat{\theta}$ を対数尤度に代入した $\log L(\hat{\theta})$ は対数最大尤度（log of maximum likelihood）と呼ばれますが，これは検定やモデル選択において重要な働きをします．TSPでは対数最大尤度が，"`Log of likelihood function`" として出力されます．

最尤推定量は，漸近有効性など，n が十分大きい場合には大変優れた性質を有しています．（なお，すでに述べたように，n が十分大きい場合に近似的に成り立つことを漸近的（asymptotic）と呼びます．）

2.4.2 回帰モデルの最尤法による推定

$u_1, u_2, ..., u_n$ が独立で同一の正規分布 $N(0, \sigma^2)$ に従うとします．回帰モデルは，

$$u_i = Y_i - (\beta_1 + \beta_2 X_i) \tag{2.30}$$

ですので，$\beta_1, \beta_2, \sigma^2$ が既知の場合，$Y_i - (\beta_1 + \beta_2 X_i)$ は，$N(0, \sigma^2)$ に従い，その確率密度関数は，

$$f(X_i, Y_i, \beta_1, \beta_2, \sigma^2) = \frac{1}{\sqrt{2\pi}\sigma} \exp\left\{-\frac{(Y_i - \beta_1 - \beta_2 X_i)^2}{2\sigma^2}\right\} \tag{2.31}$$

となります．

$\beta_1, \beta_2, \sigma^2$ は当然未知ですので，尤度関数，対数尤度は $\beta_1, \beta_2, \sigma^2$ の関数で，

$$L(\beta_1, \beta_2, \sigma^2) = \prod_{i=1}^{n} \frac{1}{\sqrt{2\pi}\sigma} \exp\left\{-\frac{(Y_i - \beta_1 - \beta_2 X_i)^2}{2\sigma^2}\right\} \tag{2.32}$$

$$\log L(\beta_1, \beta_2, \sigma^2) = -n \cdot (\log \sqrt{2\pi} + \log \sigma) - \sum_{i=1}^{n} \left\{\frac{(Y_i - \beta_1 - \beta_2 X_i)^2}{2\sigma^2}\right\}$$

となります．

詳細は省略しますが，$\beta_1, \beta_2, \sigma^2$ の最尤推定量は，

$$\hat{\beta}_2 = \frac{\sum (X_i - \bar{X})(Y_i - \bar{Y})}{\sum (X_i - \bar{X})^2} \tag{2.33}$$

$$\hat{\beta}_1 = \overline{Y} - \hat{\beta}_2 \overline{X}$$

$$\hat{\sigma}^2 = \frac{\sum e_i^2}{n}$$

また，対数最大尤度は，

$$\log L(\hat{\beta}_1, \hat{\beta}_2, \hat{\sigma}^2) = \frac{n}{2}\left\{1 + \log(2\pi) + \log\left(\frac{\sum e_i^2}{n}\right)\right\} \qquad (2.34)$$

となります．

$\hat{\beta}_1$, $\hat{\beta}_2$ は最小二乗推定量と一致していますが，これは特別な例で，最小二乗法と最尤法は，異なった原理に基づく，違った推定方法であることに注意して下さい．また，$\hat{\sigma}^2$ は，σ^2 の不偏推定量とはなっていません．

2.5 銅消費量データを使った回帰分析

2.5.1 データの入力

表 2.1 のデータを使って，日本の銅消費量と実質 GDP の関係を分析し，銅消費量の実質 GDP に対する弾性値の推定や検定を行ってみましょう．まず，表 2.1 のデータをテキストファイルまたは Excel ファイル（Excel 4.0 ワークシート）で入力して下さい．

テキストファイルの場合は，

```
1970    821    194
1971    806    203
1972    951    221
1973   1202    238
1974    881    235
1975    827    243
1976   1050    252
1977   1127    263
1978   1241    277
1979   1330    293
1980   1158    301
1981   1254    310
1982   1243    318
```

2.5 銅消費量データを使った回帰分析

```
1983  1216  323
1984  1368  333
1985  1226  350
1986  1211  361
1987  1277  374
1988  1331  400
1989  1447  421
1990  1577  443
1991  1613  458
1992  1411  462
1993  1384  463
1994  1375  468
1995  1415  477
1996  1480  494
1997  1441  503
1998  1255  497
1999  1293  497
2000  1349  511
2001  1145  514
2002  1164  512
2003  1202  525
```

とデータを入力し，CUDATA.TXTというファイル名を付けてC:¥TSPEXのフォルダに保存します．Excelファイルの場合は，セルA1から次のようにデータを入力し，CUDATA.XLSという名前でC:¥TSPEXに保存します．

YEAR	COPPER	GDP
1970	821	194
1971	806	203
1972	951	221
1973	1202	238

1974	881	235
1975	827	243
1976	1050	252
1977	1127	263
1978	1241	277
1979	1330	293
1980	1158	301
1981	1254	310
1982	1243	318
1983	1216	323
1984	1368	333
1985	1226	350
1986	1211	361
1987	1277	374
1988	1331	400
1989	1447	421
1990	1577	443
1991	1613	458
1992	1411	462
1993	1384	463
1994	1375	468
1995	1415	477
1996	1480	494
1997	1441	503
1998	1255	497

1999	1293	497
2000	1349	511
2001	1145	514
2002	1164	512
2003	1202	525

2.5 銅消費量データを使った回帰分析

TSP を起動して下さい．このデータは年次データですので，

FREQ A;

と入力します．データの期間は 1970 年から 2003 年ですので，

SMPL 1970 2003;

と入力します．データを先ほど保存した外部ファイルから入力しますが，年次を YEAR，銅消費量を COPPER，実質 GDP を GDP として入力してみます．

テキストファイルで保存した場合は，

LOAD(FILE='C:¥TSPEX¥CUDATA.TXT') YEAR COPPER GDP;

と，Excel ファイルで保存した場合は，

LOAD(FILE='C:¥TSPEX¥CUDATA.XLS');

とします．なお，Excel ファイルから入力した場合は，YEAR のデータは年次と一致していますので TSP にはデータとして入力されず，COPPER と GDP のみがデータとして入力されます．データが正しく入力されているかどうかを

PRINT COPPER GDP;

と入力して確認して下さい（図 2.2）．

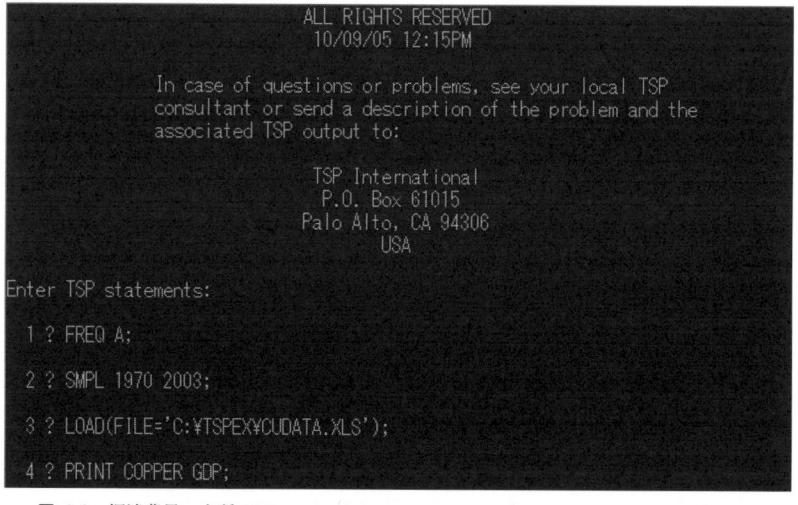

図 2.2 銅消費量，実質 GDP のデータを Excel ファイル（Excel 4.0 ワークシート）から入力し，PRINT コマンドによって正しく入力されているかどうかを確認する．

2.5.2 銅消費量の伸び率の推定

銅消費量が1970年から2003年までどのように変化してきたかをグラフに書いて調べてみましょう．

```
PLOT COPPER;
```

と入力して下さい．銅消費量の変化のグラフが表示され，銅消費量は増加傾向にあるが，各年ごとのばらつきがかなり大きいことがわかります（図2.3）．（ただし，対話モードの場合，キャラクターの図なので見やすくありません．GiveWinでは図はグラフィック・モードで出力されますが，対話モードの場合Excelなど他のソフトを使う方がよいでしょう．）

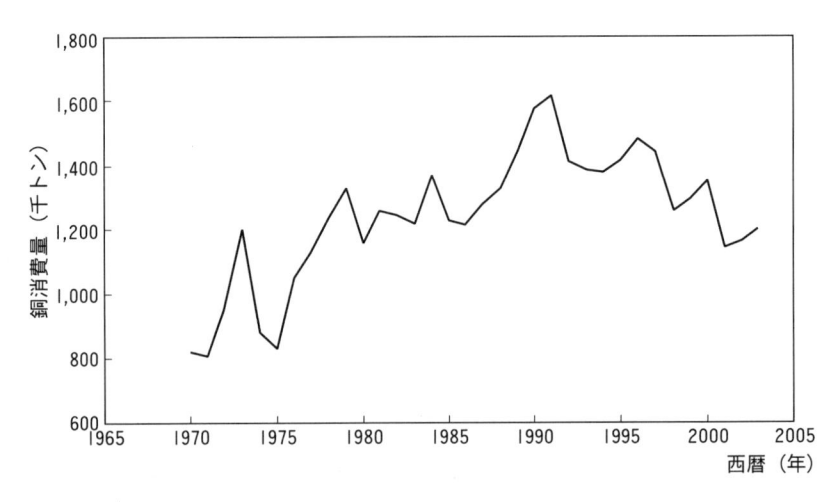

図 2.3 銅消費量の年次変化

銅消費量の年あたりの伸び率を回帰分析によって求めてみましょう．先ほど（2.1.2項）説明したように，時刻 t の銅消費量を $COPPER_t$ とします．

$$\log(COPPER_t) = \beta_1 + \beta_2 t + u_t \tag{2.35}$$

という線形回帰モデルを考えると β_2 が伸び率となりますので，これをデータから推定すればよいことになります．（なお，ここでは，時系列データを扱っていますので，一般の表記方法に従い，添え字には t を使います．）

銅消費量の対数値，$\log(COPPER_t)$ を計算します．

```
LOGCU=LOG(COPPER);
```

2.5 銅消費量データを使った回帰分析

と入力して下さい．LOGCUに銅消費量の対数値が計算されます．次に，時間経過を表す変数TIMEを作ります．これはTRENDというコマンドを使い，

TREND TIME;

と入力します．TIMEは，データの最初の年（1970年）を1とし，以後1ずつ34まで（2003年まで）増加する変数となります．

線形の回帰モデルの推定を行うコマンドOLSQ（ordinary least squares）を使い，

OLSQ LOGCU C TIME;

と入力します．C（constantの頭文字をとっています．）はすべての要素が1.0の定数項を表す変数で，TSPによって自動的に使用されています．このため，Cをその他の変数やパラメータ名として使うことはできません．OLSQでは，従属変数を最初に指定し，その後，説明変数（Cも説明変数とみなされます）をスペース（またはコンマ）で区切って指定します．表2.2のような推定結果が出力されます．

表 2.2 銅消費量の伸び率の推定結果

```
                     Equation   1
                     ============

            Method of estimation = Ordinary Least Squares

Dependent variable: LOGCU
Current sample:  1970 to 2003
Number of observations:  34

        Mean of dep. var. = 7.10625     LM het. test = .183862 [.668]
   Std. dev. of dep. var. = .177821     Durbin-Watson = .643607 [.000,.000]
Sum of squared residuals = .618644      Jarque-Bera test = 2.06470 [.356]
   Variance of residuals = .019333      Ramsey's RESET2 = 46.9715 [.000]
Std. error of regression = .139042      F (zero slopes) = 21.9746 [.000]
               R-squared = .407128      Schwarz B.I.C. = -16.3417
      Adjusted R-squared = .388601      Log likelihood = 19.8680


            Estimated      Standard
Variable    Coefficient     Error        t-statistic    P-value
C              6.90686      .048763       141.642        [.000]
TIME            .011394     .243056E-02   4.68771        [.000]
```

まず，式番号（equation 1），推定方法（method of estimation）が通常の最小二乗法（method of estimation＝ordinary least squares）であり，従属変数はLOGCU（dependent variable: LOGCU），現在のサンプルは1970から2003まで（current sample: 1970 to 2003），分析に用いられた観測値の数は34（number of observations: 34）であることが表示されます．

次に，従属変数の平均（mean of dependent variable），標準偏差（std. dev. of dependent var.），残差の平方和 $\sum e_i^2$（sum of squared residuals），残差の分散 s^2（variance of residuals），回帰の標準誤差 s（std. error of regression），決定係数 R^2（R-squared），対数最大尤度（log of likelihood function）が表示されます（adjusted R-squared, Durbin-Watson statistic, F (zero slopes), Schwarz Bayes. Info. Crit. については3章で説明します）．

最後に回帰モデルの推定結果として，回帰係数の推定値（estimated coefficient），その標準誤差（standard error），t 値（t-statistic），p 値（p-value）が各変数（variable）ごとに出力されます．標本回帰方程式（カッコ内は標準誤差）は，

$$\log(COPPER_t) = 6.907 + 0.0114 \cdot t \qquad (2.36)$$
$$(0.0488)\ (0.00243)$$

となります．この結果，銅消費量は年率1.1%程度増加してきたことになります．

なお，p 値は自由度 $n-2$ の t 分布に従う確率分布において，得られた t 値の絶対値 $|t|$ より，その絶対値が大きくなる確率を示しています．この場合は，$|t|$ の値が大きく非常に小さな値となるため，いずれの場合も ［0.000］となっています．

なお，TSP では，6桁の有効数字が表示されますが，データの信頼性などの問題からあまり多くの桁数を表示することは意味がないばかりでなく，精度について誤った印象や情報を与えてしまいます．レポートなどとして提出する最終の結果は，データの精度，分析の目的に応じた適当な表示桁数を選んで下さい．

2.5.3 銅消費量のGDP弾性値の推定と検定
● 弾性値の推定

銅消費量と実質GDPの関係を調べ，銅消費量のGDPに対する弾性値を求めてみます．まず，銅消費量と実質GDPの関係をグラフに書いてみましょう．

2.5 銅消費量データを使った回帰分析

```
GRAPH GDP COPPER;
```
と入力して下さい．X軸をGDP，Y軸をCOPPERとする散布図が表示され，実質GDPの増加に伴って銅消費量も増加してきたことがわかります．

次に回帰分析によって，銅消費量の実質GDPに対する弾性値εを求めてみましょう．εは実質GDPが1%増加したときに，銅消費量が何%増加するかを示したものです．時刻tにおける実質GDPをGDP_tとすると，すでに説明した通り（2.1.2項），

$$\log(COPPER_t) = \beta_1 + \beta_2 \log(GDP_t) + u_t \tag{2.37}$$

という線形回帰モデルでβ_2が弾性値となります．

$\log(GDP_t)$を計算しますので，
```
LOGGDP=LOG(GDP);
```
として入力して下さい．次に，
```
OLSQ LOGCU C LOGGDP;
```
と入力してモデルの推定を行って下さい．表2.3のような分析結果が出力されま

表2.3 銅消費量の実質GDPに対する弾性値の推定結果

```
                     Equation   2
                     ============

            Method of estimation = Ordinary Least Squares

Dependent variable: LOGCU
Current sample:  1970 to 2003
Number of observations:  34

         Mean of dep. var. = 7.10625    LM het. test = .227436 [.633]
    Std. dev. of dep. var. = .177821    Durbin-Watson = .791887 [.000,.000]
 Sum of squared residuals = .448049    Jarque-Bera test = 1.70440 [.426]
      Variance of residuals = .014002   Ramsey's RESET2 = 21.6578 [.000]
 Std. error of regression = .118328    F (zero slopes) = 42.5255 [.000]
               R-squared = .570617     Schwarz B.I.C. = -21.8264
       Adjusted R-squared = .557199    Log likelihood = 25.3527

              Estimated     Standard
 Variable     Coefficient    Error       t-statistic     P-value
 C             4.58067       .387821      11.8113        [.000]
 LOGGDP        .429484       .065860       6.52116       [.000]
```

す．

推定された標本回帰方程式（カッコ内は標準誤差）は，
$$\log(COPPER_t) = 4.581 + 0.429 \cdot \log(GDP_t) \qquad (2.38)$$
$$\qquad\qquad\quad (0.388)\ \ (0.0659)$$

となります．弾性値 ε は 0.429 で，今後の実質経済成長が 2%/年程度であるとすると，銅消費量は，$2.0\% \times 0.429 \approx 0.86\%$/年程度の割合で増加することになります．

● 弾性値の検定と区間推定

銅消費量の実質 GDP に対する弾性値 ε が 1 と等しいという仮説を検定してみましょう．帰無仮説 H_0，対立仮説 H_1 は，

$$H_0: \beta_2 = 1, \qquad H_1: \beta_2 < 1$$

とします．銅のような基本物資は，実質 GDP の伸びほど需要が増加せず，弾性値が 1 より小さいことが予測されますので，対立仮説を不等号で与える（左）片側検定を行ってみます．有意水準 α は 5% とします．

まず，検定統計量を計算します．

```
SET B2=@COEF(2);
SET SEB2=SQRT(@VCOV(2,2));
SET TEST1=(B2-1.0)/SEB2;
```

と入力して下さい．`SET` は 1 つだけ数値を（スカラーとして）計算するコマンドです．`SET` をつけないと `B2`，`SEB2`，`TEST1` は変数とみなされ，ベクトルとして扱われ，すべての期間（1970〜2003 年の 34 期）に渡って同じものが計算されてしまいます．`@COEF` には，回帰係数の推定値が（自動的に）保存されています．回帰モデルで `LOGGDP` は 2 番目に指定した説明変数ですので（1 番目は C），`B2=@COEF(2)` は β_2 の推定値 0.4295 となります．また，`@VCOV` は回帰係数の推定量の分散および共分散からなる行列で，対角要素が分散となっています．`SQRT` は平方根を計算する行列ですので，`SEB2=SQRT(@VCOV(2,2))` は，$\hat{\beta}_2$ の標準誤差 $s.e.(\hat{\beta}_2) = 0.06586$ となります．

```
PRINT TEST1;
```

と入力すると，統計検定量の値 "`TEST1=-8.663`" が表示されます．

次に，仮説検定の臨界値（critical value）を求めてみます．観測値の数は $T=34$（時系列データですので，観測値の数を T で表します），有意水準 α は 5

2.5 銅消費量データを使った回帰分析

%ですから,臨界値は,自由度32のt分布の上側確率が5%となるパーセント点 $t_{5\%}(32)$ から求めることができます.TSPには,主要な分布のパーセント点を計算する関数が組み込まれていますので,それを使います(t分布表は必要ありません).

```
CDF(T,DF=32,INV,UPTAIL)0.05;
```

と入力して下さい.自由度32のt分布のパーセント点の値(TSPではcritical value),上側確率(upper tail area)が表示され,$t_{5\%}(32)=1.694$ であることがわかります.左片側検定ですので,TEST1=$-8.663<-t_{5\%}(32)=-1.694$ で帰無仮説は棄却され,弾性値は1より小さいことが認められます.

なお,CDF(累積分布関数cumulative distribution functionの頭文字をとったもの)は,累積分布関数のパーセント点や上側確率を求める関数で,カッコ内にオプションとして,i)関数の種類(この場合はt分布を意味するT),ii)自由度(DF=32),iii)与えられた数値に対するパーセント点を求めるかp値を求めるか(INVと指定するとパーセント点,指定しない場合はp値),iv)片側か両側か(UPTAILと指定すると片側,指定しない場合は両側)を指定します.カッコの後には,数値を指定します(なお,この場合,p値は,与えられた数値よりその絶対値が大きくなる確率(両側のp値),または,与えられた数値より値が大きくなる上側確率(片側のp値)を示します).

次に,弾性値の信頼係数 $1-\alpha=95\%$ の信頼区間を求めてみましょう.信頼区間の下限は,$L=\hat{\beta}_2-t_{2.5\%}(32)\cdot s.e.(\hat{\beta}_2)$ で,上限は $U=\hat{\beta}_2+t_{2.5\%}(32)\cdot s.e.(\hat{\beta}_2)$ ですので,

```
CDF(T,DF=32,INV)0.05 P25;
```

と入力します.今回は,UPTAILを指定していませんので,自由度32のt分布の2.5%パーセント点 $t_{2.5\%}(32)$ が計算され,その結果がP25という名前で保存されます(結果は,直接は出力されません.値を知るにはPRINT P25;と入力する必要があります).

次に,

```
SET L=B2-P25*SEB2;
SET U=B2+P25*SEB2;
PRINT L U;
```

と入力して,信頼区間の [0.295, 0.563] を求めて下さい.本節の演習は,これ

で終了しますので，
SAVE 'C:¥TSPEX¥CUDATA';
と入力して，データを保存して下さい．

2.6 演 習 問 題

表2.4は，1970年から2003年までのアメリカ合衆国における実質GDPと銅消費量のデータです．日本のデータと同様，銅消費量はWorld Metal Statistics, World Bureau of Metal Statistics, 実質GDPは世界銀行（World Bank）のデータ（World Indicator）のものです．これを使って，次の演習を行って下さい．

1. 年次と銅消費量，実質GDPと銅消費量のグラフの作成．
2. 回帰分析による銅消費量の年あたりの伸び率の推定．
3. 銅消費量の実質GDPに対する弾性値 ε の推定．
4. $H_0: \varepsilon=0$ の検定．
5. $H_0: \varepsilon=1$ の検定．
6. ε の区間推定．

（有意水準，信頼係数，対立仮説は適当なものを選んで下さい）

表 2.4 アメリカ合衆国の銅消費量と実質 GDP

年	銅消費量 (千トン)	実質 GDP (2000 年価格, 十億ドル)
1970	1,854	3,722
1971	1,833	3,851
1972	2,030	4,066
1973	2,221	4,305
1974	1,995	4,284
1975	1,397	4,277
1976	1,808	4,507
1977	1,986	4,717
1978	2,193	4,982
1979	2,165	5,140
1980	1,868	5,128
1981	2,030	5,257
1982	1,658	5,154
1983	1,804	5,386
1984	2,123	5,774
1985	1,958	6,011
1986	2,100	6,217
1987	2,127	6,425
1988	2,206	6,690
1989	2,204	6,926
1990	2,150	7,055
1991	2,058	7,041
1992	2,176	7,276
1993	2,359	7,472
1994	2,678	7,776
1995	2,517	7,973
1996	2,606	8,271
1997	2,776	8,648
1998	2,871	9,013
1999	2,985	9,417
2000	3,026	9,765
2001	2,619	9,815
2002	2,371	10,032
2003	2,290	10,343

3. 重回帰分析

3.1 重回帰モデル

2章では,説明変数がだだ1つのモデルを考えてきました.この場合を単回帰分析または単純回帰分析と呼びます.しかしながら,複数の説明変数が被説明変数に影響すると考えられる場合が数多く存在します.たとえば,ある商品の消費量を考えた場合,説明変数としては,収入,資産保有高,性別,年齢などいくつかのものが考えられます.このように,2つ以上の説明変数がある場合を重回帰分析 (multiple regression analysis) と呼びます.

重回帰方程式は,複数の説明変数 $X_2, X_3, ..., X_k$ を含み,母集団において

$$Y_i = \beta_1 + \beta_2 X_{2i} + \beta_3 X_{3i} + \cdots + \beta_k X_{ki} + u_i, \quad i=1, 2, ..., n \quad (3.1)$$

となります.$\beta_2, \beta_3, ..., \beta_k$ は未知のパラメータで,他の説明変数の影響をとりのぞいた純粋の影響を表しています.u_i は誤差項で,説明変数および誤差項は次の標準的な仮定を満足するものとします.

- 仮定1

$X_{2i}, X_{3i}, ..., X_{ki}$ は確率変数でなく,すでに確定した値をとる.

- 仮定2

u_i は確率変数で期待値が 0.すなわち,$E(u_i)=0, i=1, 2, ..., n$.

- 仮定3

異なった誤差項は無相関.すなわち,$i \neq j$ であれば,$Cov(u_i, u_j) = E(u_i u_j) = 0$.

- 仮定4

分散が一定で σ^2.すなわち,$V(u_i) = E(u_i^2) = \sigma^2, i=1, 2, ..., n$.これを分散均一性 (homoskedasticity) と呼びます.

●仮定 5

説明変数は他の説明変数の線形関数では表されない,すなわち,

$$\alpha_1 + \alpha_2 \cdot X_{2i} + \alpha_3 \cdot X_{3i} + \cdots + \alpha_k X_{ki} = 0, \quad i = 1, 2, \ldots, n$$

となる $\alpha_1, \alpha_2, \ldots, \alpha_k$ は $\alpha_1 = \alpha_2 = \cdots = \alpha_k = 0$ 以外,存在しない.これを説明変数間に完全な多重共線性(multicollinearity)がないといいます.

3.2 重回帰方程式の推定

3.2.1 最小二乗法

重回帰方程式は,k 個の未知の母(偏)回帰係数 $\beta_1, \beta_2, \ldots, \beta_k$ を含んでいますので,これを標本から推定します.これには,単回帰分析の場合と同様,最小二乗法が用いられます.すなわち,

$$u_i = Y_i - (\beta_1 + \beta_2 X_{2i} + \beta_3 X_{3i} + \cdots + \beta_k X_{ki}) \tag{3.2}$$

ですが,その二乗和

$$S = \sum u_i^2 = \sum \{Y_i - (\beta_1 + \beta_2 X_{2i} + \cdots + \beta_{ki} X_{ki})\}^2 \tag{3.3}$$

を最小にする $\beta_1, \beta_2, \ldots, \beta_k$ の値を求めます.このために S をそれぞれの β_j で偏微分して 0 と置いた k 個の連立方程式

$$\partial S/\partial \beta_1 = 0, \quad \partial S/\partial \beta_2 = 0, \quad \ldots, \partial S/\partial \beta_k = 0$$

を考えます.この連立方程式は $\beta_1, \beta_2, \ldots, \beta_k$ の線形の連立方程式となりますので,解くことができます.最小二乗推定量 $\hat{\beta}_1, \hat{\beta}_2, \ldots, \hat{\beta}_k$ は,この連立方程式の解で,標本(偏)回帰係数と呼ばれます(仮定 5 は解が存在することを保証しています).$\hat{\beta}_1, \hat{\beta}_2, \ldots, \hat{\beta}_k$ は,単回帰分析の場合と同様,ガウス・マルコフの定理によって最良線形不偏推定量となっています.

この結果得られた

$$Y = \hat{\beta}_1 + \hat{\beta}_2 X_2 + \hat{\beta}_3 X_3 + \cdots + \hat{\beta}_k X_k$$

および,$E(Y_i)$ の推定量

$$\hat{Y}_i = \hat{\beta}_1 + \hat{\beta}_2 X_{2i} + \hat{\beta}_3 X_{3i} + \cdots + \hat{\beta}_k X_{ki} \tag{3.4}$$

は,単回帰分析の場合と同様,それぞれ,回帰方程式,あてはめ値と呼ばれます.

誤差項 u_i の分散 σ^2 は,回帰残差 $e_i = Y_i - \hat{Y}_i$ から

$$s^2 = \frac{\sum e_i^2}{(n-k)} \tag{3.5}$$

で推定します．残差の二乗和を $n-k$ で割るのは，e_i を k 個の推定量 $\hat{\beta}_1, \hat{\beta}_2, ..., \hat{\beta}_k$ を使って求めているため，$\sum e_i=0, \sum e_i X_{2i}=0, \sum e_i X_{3i}=0, ..., \sum e_i X_{ki}=0$ が成り立ち自由度が k 失われてしまうためです．s^2 は σ^2 の不偏推定量となっています．

3.2.2 最尤推定量

単回帰分析の場合と同様に，$u_1, u_2, ..., u_n$ は独立で，期待値0，分散 σ^2 の正規分布 $N(0, \sigma^2)$ に従うとします．この場合，対数尤度は，

$$\log L(\beta_1, \beta_2, ..., \beta_k, \sigma^2) = -n(\log\sqrt{2\pi} + \log\sigma) \tag{3.6}$$
$$-\sum_{i=1}^{n}\frac{(Y_i - \beta_1 - \beta_2 X_{2i} - \cdots - \beta_k X_{ki})^2}{2\sigma^2}$$

となります．対数尤度を最大にすることによって，最尤推定量 $\hat{\beta}_1, \hat{\beta}_2, ..., \hat{\beta}_k$ および $\hat{\sigma}^2$ を求めることができます．この場合，$\hat{\beta}_1, \hat{\beta}_2, ..., \hat{\beta}_k$ は最小二乗推定量と一致します（単回帰分析でも述べましたが，これは特別な例で，最小二乗法と最尤法は異なった原理に基づく，違った推定方法です）．

$\hat{\sigma}^2$ および対数最大尤度は，

$$\hat{\sigma}^2 = \frac{\sum e_i^2}{n} \tag{3.7}$$

$$\log L(\hat{\beta}_1, \hat{\beta}_2, ..., \hat{\beta}_k, \hat{\sigma}^2) = -\frac{n}{2}\left\{1 + \log(2\pi) + \log\left(\frac{\sum e_i^2}{n}\right)\right\}$$

となります．単回帰分析の場合と同様，$\hat{\sigma}^2$ は σ^2 の不偏推定量とはなっていません．

3.3 重回帰分析における検定

3.3.1 t 検 定

σ^2 の推定量 s^2 を使って，標本回帰係数 $\hat{\beta}_j$ の標準誤差 $s.e.(\hat{\beta}_j)$ を求めることができます（推定量，分散，標準偏差などを簡単な形で表現するには行列の知識が必要ですので，詳細は省略します．詳細は拙著『Excelによる回帰分析入門』（朝倉書店，1998年）などを参照してください）．単回帰分析の場合と同様，TSPではこの値が推定値とともに出力されます．

ここで

$$t_j = (\hat{\beta}_j - \beta_j)s.e.(\hat{\beta}_j) \tag{3.8}$$

は，自由度 $n-k$ の t 分布 $t(n-k)$ に従いますので，1つの回帰係数に関する仮説 $H_0: \beta_j = a$ については，単回帰分析の場合と同様に検定を行えます．

3.3.2 F 検定

重回帰分析の場合，複数の説明変数がありますので，いくつかの回帰係数についての仮説を同時に検定したい場合があります．たとえば，実験用のラットに2つの薬 A，B を与えその影響を調べる場合，ラットの体重を Y，A，B の投与量を X_2，X_3 とすると，「どちらの薬にも影響がない」という帰無仮説は，

$$H_0: \beta_2 = 0 \text{ かつ } \beta_3 = 0$$

となり，「少なくともどちらかの影響がある」という対立仮説は，

$$H_1: \beta_2 \neq 0 \text{ または } \beta_3 \neq 0$$

となります．

このように帰無仮説が複数の制約式からなる場合，個々の回帰係数についての t 検定だけでは不十分で，次の手順に従って F 検定を行います．

ⅰ) H_0 が正しいとして，重回帰方程式（上の例では，X_2，X_3 を含まない式）を推定し，残差の平方和 S_0 を求める．

ⅱ) すべての説明変数を加えて（H_0 が成立しないとして H_1 のもとで）重回帰方程式を推定し，残差の二乗和 S_1 を求める．

ⅲ) H_0 に含まれる式の数を p とすると，

$$F = \frac{(S_0 - S_1)/p}{S_1/(n-k)} \tag{3.9}$$

は，帰無仮説のもとで，自由度 $(p, n-k)$ の F 分布 $F(p, n-k)$ に従います．検定の臨界値は，$F(p, n-k)$ の有意水準 α に対応するパーセント点 $F_\alpha(p, n-k)$ となります．検定統計量 F と $F_\alpha(p, n-k)$ を比較し，$F > F_\alpha(p, n-k)$ の場合帰無仮説を棄却し，それ以外では帰無仮説を採択します．

とくに，説明変数のすべてが Y を説明しないという帰無仮説，

$$H_0: \beta_2 = \beta_3 = \cdots = \beta_k = 0$$

と対立仮説，

$$H_1: \beta_2, \beta_3, ..., \beta_k \text{ の少なくとも1つは 0 でない}$$

を検定する場合は $p = k-1$，$S_0 = \sum(Y_i - \bar{Y})^2$，$S_1 = \sum e_i^2$，$S_0 - S_1 = \sum(\hat{Y}_i - \bar{Y})^2$ として F 値を計算します．TSP の回帰分析ではこの値が F (zero slopes) として出力されます．

なお，帰無仮説の制約式がただ1つの場合，$F=t^2$ となり，F 検定は t 検定の両側検定の結果と完全に一致します．F 検定では片側検定で行ったような対立仮説を不等号で与えることはできませんので，1つの回帰係数についての検定は t 検定を使って下さい．

3.3.3 構造変化に関するチョウ検定

F 検定の応用として，時系列データの構造変化に関するチョウ検定（Chow test）と呼ばれる検定方法があります．いま，$t=1, 2, ..., T$ の期間の時系列データがあり，

$$Y_t = \beta_1 + \beta_2 X_{2t} + \beta_3 X_{3t} + \cdots + \beta_k X_{kt} + u_t \tag{3.10}$$

というモデルを考えたとします．このような場合，観測期間中に構造変化が起こったかどうか，すなわち，回帰係数 $\beta_1, \beta_2, ..., \beta_k$ が期間を通して一定かどうかを検定します．

この検定は，F 検定を使って，次のような手順で行うことができ，この検定はチョウ検定と呼ばれています．帰無仮説は，「構造変化がなく，回帰係数 $\beta_1, \beta_2, ..., \beta_k$ が期間を通して一定である」です．

 i) 構造変化がないとし，すべての期間（$t=1, 2, ..., T$）のデータを使って(3.10) の回帰モデルを推定し，その残差の平方和 S_0 を計算する．

 ii) データを1から T_1 までと，T_1+1 から T までの2つの期間に分け，それぞれの期間で回帰モデルの推定し（期間を変えて2回推定を行います．），各々の残差の平方和を求める．さらに2つサンプル期間の残差の平方和を加え，残差の平方和の合計 S_1 を求める．

iii) $F = \dfrac{(S_0 - S_1)/k}{S_1/(T-2k)}$ とすると，帰無仮説のもとで F は自由度 $(k, T-2k)$ の F 分布，$F(k, T-2k)$ に従う．F と有意水準 α に対応するパーセント点 $F_\alpha(k, T-2k)$ とを比較し，$F > F_\alpha(k, T-2k)$ の場合，帰無仮説を棄却し，それ以外は採択する．

i) では1回，ii) では2回モデルの推定を行っていますので，F 検定で回帰係数の数 k だけ制約条件の式がある仮説を検定することとなります．

3.3.4 尤度比検定

F 検定で述べたことと同様に，いくつかの回帰係数についての仮説を同時に検定したい場合，すなわち，帰無仮説，対立仮説が

$$H_0 : \beta_2 = 0 \text{ かつ } \beta_3 = 0, \quad H_1 : \beta_2 \neq 0 \text{ または } \beta_3 \neq 0$$

で与えられるような場合，F 検定以外にも，尤度比検定（likelihood ratio

test) と呼ばれる検定方法を使うことができます. 尤度比検定は, 次のような手順で行います.

　i) H_0 が正しいとして, 重回帰方程式 (上の例では, X_2, X_3 を含まない式) を推定し, 対数最大尤度 $\log L_0$ を求める.

　ii) すべての説明変数を加えて (H_0 が成立していないとして H_1 のもとで) 重回帰方程式を推定し, 対数最大尤度 $\log L_1$ を求める.

　iii) H_0 含まれる式の数を p とすると,

$$\chi^2 = 2(\log L_1 - \log L_0) \tag{3.11}$$

は, 帰無仮説のもとで漸近的に (n が十分大きければ近似的に) 自由度 p の χ^2 分布 $\chi^2(p)$ に従うことが知られています. 検定における臨界値は, $\chi^2(p)$ の有意水準 α に対応するパーセント点 $\chi_\alpha^2(p)$ となりますので, 検定統計量 χ^2 と $\chi_\alpha^2(p)$ を比較し, $\chi^2 > \chi_\alpha^2(p)$ の場合帰無仮説を棄却し, それ以外は採択します.

　尤度比検定は, t 検定や F 検定と異なり漸近的にしか成り立ちませんが, 線形回帰モデル以外の複雑なモデルや帰無仮説が非線形の場合にも使うことができ, 幅広く使われている検定方法です.

3.4　モデル選択とモデルのあてはまりのよさの基準

3.4.1　決定係数と修正決定係数

　Y_i の変動 $\sum(Y_i - \overline{Y})^2$ は $X_2, X_3, ..., X_k$ で説明できる部分と, 説明できない部分の和として,

$$\sum(Y_i - \overline{Y})^2 = \sum(\widehat{Y}_i - \overline{Y})^2 + \sum e_i^2 \tag{3.12}$$

となります. モデルのあてはまりのよさを表す決定係数 R^2 は,

$$R^2 = 1 - \frac{\sum e_i^2}{\sum(Y_i - \overline{Y})^2} = \frac{\sum(\widehat{Y}_i - \overline{Y})^2}{\sum(Y_i - \overline{Y})^2} \tag{3.13}$$

となります. R^2 の正の平方根は重相関係数 (multiple regression coefficient) と呼ばれ, R で表されます.

　ところで, R^2 は説明変数の数の増加に従って増加します. $k = n$ とすると $R^2 = 1$ となってしまいます ($k > n$ では仮定5が満足されず推定ができません). ところが, 説明変数の数を多くしすぎると, かえってモデルが悪くなってしまうことが知られています. 説明変数の数が違う場合, 単純に R^2 でモデルのあてはまりを比較することはできません. 修正 R^2 (adjusted R^2) $\overline{R}^2$ は, 説明変数の

数の違いを考慮したもので，Y_iの変動と残差の平方和をその自由度で割った

$$\bar{R}^2 = 1 - \frac{\sum e_i^2/(n-k)}{\sum (Y_i - \bar{Y})^2/(n-1)} \quad (3.14)$$

で定義されます．$\bar{R}^2$ は k が増加しても必ず増加するとは限りません．$\bar{R}^2$ を最大にすることは，s^2 を最小にするのと同一のことになります．

3.4.2 モデル選択とAIC，BIC

重回帰分析において，最適な説明変数の組み合わせを選ぶことは，モデル選択と呼ばれる分野の問題となりますが，$\bar{R}^2$ では説明変数を増やすことに対するペナルティーが十分でないとされています．一般に広く使われているのはAIC（赤池の情報量基準，Akaike information criterion）とBIC（シュバルツのベイズ情報量基準，Schwarz Bayes information criterion）と呼ばれる基準です．

$\log L$ を対数最大尤度とします．最適なモデルとして，AICは，

$$\mathrm{AIC} = -2\log L + 2\nu \quad (3.15)$$

BICは，

$$\mathrm{BIC} = -2\log L + \nu \log n \quad (3.16)$$

をそれぞれ最小にするものを選択します．ν はモデルに含まれる未知のパラメータの数です．AIC，BICは回帰分析以外のモデル選択にも利用可能です．AICは，真のモデルと今考察しているモデルの間の距離を表すカルバック・ライブラー情報量（Kullback-Leibler information）を使って説明することができます．また，BICは，ベイズ統計学の事後確率の議論から導かれます．

初等的な統計学・計量経済学の枠組ではAICの方が一貫性があるので，AICをモデル選択の基準として使います．いずれにしろ，重回帰分析では不必要な説明変数の数を増やしすぎないようにして下さい．AICについては，章末で簡単に説明を加えましたので参照してください．

なお，TSPの回帰分析では，AICを $(-2\log L + 2k)/n$ で，BICを $\log \hat{\sigma}^2 + (k/n)\log(n)$ で計算しています．本書での定義とは定数部分しか異なりませんので，どちらでもモデル選択の結果は同じです．しかしながら，尤度比検定との関係や，AICとBICの比較を容易にするため，より一般的なものとして，本書では (3.15)，(3.16) での定義を採用しました．

3.5 ダミー変数

回帰分析では，量的データばかりでなく，ダミー変数（dummy variable）と呼ばれる変数を使うことによって，質的データを説明変数として使って分析を行

うことができます．

ダミー変数は，0または1をとる変数で，たとえば，性別を表す場合，女性の場合0，男性の場合1とし，

$$D_i = \begin{cases} 0 : 女性 \\ 1 : 男性 \end{cases} \tag{3.17}$$

とします．例として，Yを賃金，Xを勤続年数とし，男女の間に賃金の格差があるかどうかを考えてみましょう．いま，男女の賃金差が勤続年数にかかわらず一定で

$$女性：Y_i = \beta_1 + \beta_2 X_i + u_i$$
$$男性：Y_i = \beta_1^* + \beta_2 X_i + u_i$$

であるとします．この場合，ダミー変数を使うと，男女の賃金を単一の式

$$Y_i = \beta_1 + \beta_2 X_i + \beta_3 D_i + u_i \tag{3.18}$$

で表すことができます．ダミー変数は通常の変数とまったく同一に取り扱うことができ，男女間に賃金格差があるかどうかは，$H_0 : \beta_3 = 0$として検定を行えばよいことになります．

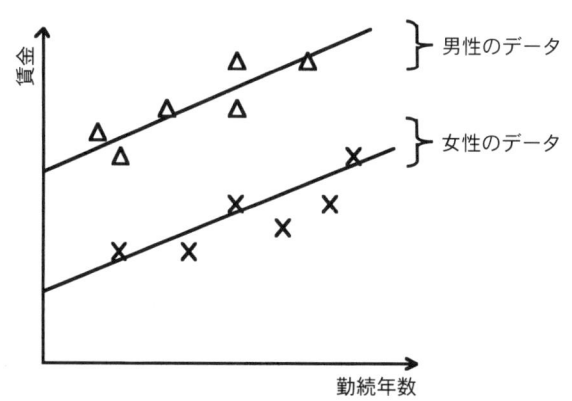

図 3.1 ダミー変数によって男女間の賃金の格差などを分析することが可能となる．

ダミー変数は，上記の例のように使用されることが多いのですが，初任給は男女とも同一であるが，その後の賃金上昇率が異なり

$$女性：Y_i = \beta_1 + \beta_2 X_i + u_i$$
$$男性：Y_i = \beta_1 + \beta_2^* X_i + u_i$$

であるケースにも利用することができます．この場合は $Z_i = D_i X_i$ として，
$$Y_i = \beta_1 + \beta_2 X_i + \beta_3 Z_i + u_i \tag{3.19}$$
を考えればよく，男女間に賃金上昇率に差があるかどうかは，$H_0 : \beta_3 = 0$ の検定を行います．また，初任給，賃金上昇率ともに異なる場合は，
$$Y_i = \beta_1 + \beta_2 X_i + \beta_3 D_i + \beta_4 Z_i + u_i \tag{3.20}$$
とします．男女間に差があるかどうかの検定は，$H_0 : \beta_3 = \beta_4 = 0$ の F 検定を行います．(ただし初任給，賃金上昇率ともに異なる場合は，男女別に回帰方程式を推定するのと同一の結果になります．)

性別の場合は，とりうる状態が2つでしたが，質的データのとりうる状態が $A_1, A_2, ..., A_s$ で s 個である場合は，$s-1$ のダミー変数，$D_{1i}, D_{2i}, ..., D_{s-1,i}$ を

$$D_{1i} = \begin{cases} 1 & A_1 \text{の場合} \\ 0 & \text{それ以外} \end{cases} \quad D_{2i} = \begin{cases} 1 & A_2 \text{の場合} \\ 0 & \text{それ以外} \end{cases} \cdots \cdots \tag{3.21}$$

$$D_{s-1,i} = \begin{cases} 1 & A_{s-1} \text{の場合} \\ 0 & \text{それ以外} \end{cases}$$

として，分析を行います．なお，ダミー変数の数は $s-1$ 個で十分ですので，s 個目のダミー変数は使わないで下さい．s 個のダミー変数を使うと完全な多重共線性 (multicollinearity) と呼ばれる問題のため，回帰方程式の推定ができなくなります．

3.6 銅消費量のデータを使った重回帰分析

3.6.1 2つの説明変数を含む重回帰モデル

● モデルの推定

表2.1の日本の銅消費量のデータを使い，重回帰分析を行ってみます．銅消費量のデータは，`C:\TSPEX` に `CUDATA.SAV` というファイル名で保存されていますので，TSP を起動させ

`RESTORE 'C:\TSPEX\CUDATA';`

と入力します（RESTORE コマンドがうまく作動しない場合は，LOAD コマンドを使ってデータを入力して下さい）．

`SHOW SERIES;`

と入力して変数名を確認して下さい．2章では，銅消費量の実質 GDP に対する弾性値を求めるのに，

3.6 銅消費量のデータを使った重回帰分析

$$\log(COPPER_t) = \beta_1 + \beta_2 \log(GDP_t) + u_t, \quad t=1, 2, ..., T \quad (3.22)$$

という回帰モデルを推定しました．$COPPER_t$, GDP_t は，時刻 t における銅消費量および実質 GDP です（時系列データですので，これまでと同様，添え字は t，観測値の数（標本の大きさ）は T で表します）．このモデルは，銅消費量の実質 GDP に対する弾性値が一定としています．この仮定が妥当かどうかをグラフを使って調べてみましょう．$\log(GDP_t)$ と $\log(COPPER_t)$ を

GRAPH LOGGDP LOGCU;

として散布図に描いて下さい．傾きが段々緩やかになり，銅消費量は実質 GDP が増加するに従って，伸び率が小さくなっていく傾向が認められ，弾性値が一定であるというモデルは適当でない可能性が考えられます．

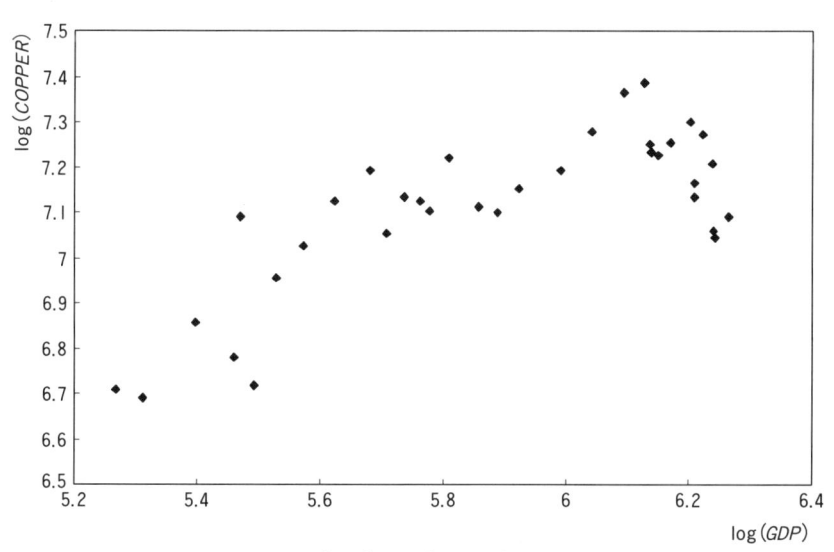

図 3.2 $\log(GDP)$ と $\log(COPPER)$ のグラフ

ここでは，$\log(GDP_t)$ の二乗の項を加えて，

$$\log(COPPER_t) = \beta_1 + \beta_2 \log(GDP_t) + \beta_3 \{\log(GDP_t)\}^2 + u_t \quad (3.23)$$

という重回帰モデルを使って分析を行ってみましょう．これは，テーラー展開 (Taylor expansion) で 2 次の項まで加えたと考えられますが，弾性値は，

$$\varepsilon = \frac{d \log E(COPPER_t)}{d \log(GDP_t)} = \beta_2 + 2 \cdot \beta_3 \log(GDP_t) \quad (3.24)$$

となります。$\beta_3<0$ 場合，弾性値は GDP_t の増加に従い減少することになります。

このモデルの推定を行ってみます。
```
LOGGDP2=LOGGDP**2;
```
として，$\log(GDP_t)$ の二乗項を計算します。**はべき乗を計算する記号です。
```
OLSQ LOGCU C LOGGDP LOGGDP2;
```
と入力して下さい。表3.1のような推定結果が得られます。

表 3.1 $\log(GDP)$, $\log(GDP)^2$ を説明変数とする重回帰モデルの推定結果

```
                      Equation 1
                      ============
             Method of estimation=Ordinary Least Squares

Dependent variable:LOGCU
Current sample:1970 to 2003
Number of observations:34

       Mean of dep. var.=7.10625   ①  LM het. test=.456566[.499]
   Std. dev. of dep. var.=.177821  ②  Durbin-Watson=1.23087[.003,.024]
 Sum of squared residuals=.263768  ③  Jarque-Bera test=.067036[.967]
    Variance of residuals=.850864E-02 ④ Ramsey's RESET2=1.05987[.311]
 Std. error of regression=.092242  ⑤  F(zero slopes)=45.8183[.000]   ⑧
               R-squared=.747221   ⑥  Schwarz B.I.C.=-29.0703        ⑨
      Adjusted R-squared=.730912   ⑦  Log likelihood=34.3599         ⑩

             Estimated     Standard
Variable     Coefficient   Error       t-statistic    P-value
C            -27.5153      6.90331     -3.98581       [.000]
LOGGDP        11.4910      2.37742      4.83339       [.000]
LOGGDP2       -.950280      .204193    -4.65383       [.000]
```

すでに説明したとおり，①，②は従属変数の平均，標準偏差，③，④，⑤，⑥は残差の平方和，残差の和を自由度 $T-k$ で割った σ^2 の不偏推定量 s^2，その平方根 s，決定係数 R^2 です。また，⑦は修正決定係数 $\bar{R}^2$，⑧は定数項をのぞくすべての説明変数の係数を0とおいた場合の F 値，⑨は BIC，⑩は対数最大尤度です。

標本回帰方程式（カッコ内は標準誤差）は，

$$\log(COPPER_t)$$
$$= -27.515 + 11.491 \cdot \log(GDP_t) - 0.9503 \cdot \{\log(GDP_t)\}^2 \quad (3.25)$$
$$(6.903) \quad (2.377) \quad\quad\quad (0.2042)$$

となります.

● 回帰係数の検定と弾性値の計算

β_2, β_3 について係数が 0 かどうかの有意性検定を有意水準 α を 5% として行ってみます. β_2 は正, β_3 は負であることが予想されますので, 片側検定を行います. t 値は,

$$t_2 = 4.833, \quad t_3 = -4.654$$

です. 仮説検定の臨界値は, 自由度 $T-k=31$ の t 分布のパーセント点 $t_\alpha(T-k)=1.696$ から求められますが,

```
CDF(T,DF=31,INV,UPTAIL)0.05;
```

として, $t_\alpha(T-k)=1.696$ を求めて下さい. これと比較すると, いずれの場合も回帰係数が 0 であるという帰無仮説は棄却され, それぞれの変数は有効な説明変数であることになります.

この場合, 弾性値は,

$$\varepsilon = \hat{\beta}_2 + 2 \cdot \hat{\beta}_3 \log(GDP_t) \quad (3.26)$$

で推定されますが, 実質 GDP が 200 兆円 (1971 年頃), 300 兆円 (1980 年頃), 400 兆円 (1988 年頃) の弾性値を求めてみましょう. 回帰係数の推定値は, $\hat{\beta}_2$ が @COEF(2), $\hat{\beta}_3$ が @COEF(3) に保存されていますので, それを使います. 次のステートメントを入力して下さい.

```
SET A1=@COEF(2);
SET A2=2*@COEF(3);
SET E200=A1+A2*LOG(200);
SET E300=A1+A2*LOG(300);
SET E400=A1+A2*LOG(400);
PRINT E200 E300 E400;
```

弾性値は, 1.421, 0.651, 0.104 となり, 実質 GDP が向上するに従って, 低下しています. 近年では, 弾性値はかなり小さな値となっており, 実質 GDP が増加しても銅消費量はあまり増加しなくなっていることがわかります.

3.6.2 実質 GDP の三乗の項を含む重回帰モデルの推定と検定
● モデルの推定

ここでは，3つ以上のデータを含む重回帰モデルを使い分析を行ってみます．前項では，銅消費量を説明するのに $\log(GDP_t)$ の二乗の項を加えたモデルを使いましたが，ここでは，さらに三乗の項を加えたモデルを考えてみます．

モデルを

$$\log(COPPER_t) = \beta_1 + \beta_2 \log(GDP_t) + \beta_3 \{\log(GDP_t)\}^2 \quad (3.27)$$
$$+ \beta_4 \{\log(GDP_t)\}^3 + u_t$$

とし，推定を行ってみます．

LOGGDP3=LOGGDP**3;

OLSQ LOGCU C LOGGDP LOGGDP2 LOGGDP3;

と入力して下さい．表 3.2 のような推定結果が得られます．

標本回帰方程式（カッコ内は標準誤差）は，

表 3.2 $\log(GDP)$ の3乗までを含むモデルの推定結果

```
                         Equation 2
                         ============
               Method of estimation=Ordinary Least Squares

Dependent variable:LOGCU
Current sample:1970 to 2003
Number of observations:34

         Mean of dep. var.=7.10625       LM het. test=.962725[.327]
       Std. dev. of dep.var.=.177821     Durbin-Watson=1.37736[.006,.097]
   Sum of squared residuals=.246592      Jarque-Bera test=.273080[.872]
      Variance of residuals=.821974 E-02 Ramsey's RESET2=1.31453[.261]
    Std. error of regression=.090663     F(zero slopes)=32.3157[.000]
                   R-squared=.763681     Schwarz B.I.C.=-28.4518
          Adjusted R-squared=.740049     Log likelihood=35.5046


              Estimated    Standard
Variable     Coefficient    Error      t-statistic    P-value
C              195.105     154.155       1.26564       [.215]
LOGGDP        -104.434      80.2289     -1.30170       [.203]
LOGGDP2         19.1379     13.8982      1.37701       [.179]
LOGGDP2         -1.15842      .801374   -1.44554       [.159]
```

3.6 銅消費量のデータを使った重回帰分析

$$\log(COPPER_t) = 195.105 - 104.434 \log\{GDP_t\} + 19.138\{\log(GDP_t)\}^2$$
$$ (154.155) \quad (80.229) \phantom{\log\{GDP_t\} + } (13.898)$$

$$-1.1584\{\log(GDP_t)\}^3$$
$$(0.8014) \hfill (3.28)$$

となります.

● **回帰係数の検定**

回帰係数 β_2, β_3, β_4 について係数が 0 であるかどうかの検定を行ってみます. 先ほど説明したように β_2, β_3 については, β_2 が正, β_3 が負であると予想されますので片側検定を行います. β_4 についてはとくに情報がありませんので, 両側検定を行います. 有意水準 α を 5% とします. t 値は,

$$t_2 = -1.302, \quad t_3 = 1.377, \quad t_4 = -1.446$$

ですが, 自由度 $T-k=30$ のパーセント点, $t_\alpha(T-k) = 1.697$, $t_{\alpha/2}(T-k) = 2.042$ から求められる臨界値と比較すると ($t_\alpha(T-k)$ は `CDF(T,DF=30,INV,UPTAIL)0.05`; $t_{\alpha/2}(T-k)$ は, `CDF(T,DF=30,INV)0.05`; で求めます), いずれの場合も係数が 0 であるという帰無仮説は採択 (棄却されない) されます. すなわち, いずれも有効な説明変数であるとはいえません.

では, これらは本当に有効な説明変数といえないのでしょうか. ここで, すべての説明変数の係数が 0 であるという帰無仮説,

$$H_0 : \beta_2 = \beta_3 = \beta_4 = 0$$

を F 検定で検定してみましょう. 対立仮説は「少なくとも 1 つが 0 でない」です. この場合の F 値は F (zero slopes) で計算されていますので, $F = 32.316$ となります. F は自由度 $(k-1, T-k) = (3, 30)$ の F 分布 $F(k-1, T-k)$ に従います. 有意水準 $\alpha = 1\%$ とします. 検定の臨界値は, $F(k-1, T-k)$ のパーセント点 $F_\alpha(k-1, T-k)$ で与えられます.

`CDF(F,DF1=3,DF2=30,INV)0.01;`

と入力して, $F_\alpha(k-1, T-k) = 4.510$ を求めて下さい. $F > F_\alpha(k-1, T-k)$ で帰無仮説は棄却されます. F の値は 32.316 と大きいため, 常識的な有意水準を使う限り帰無仮説は棄却されます. したがって, 説明変数全体では有効であることになります (このようなことが起こるのは, 次章で説明する多重共線性のためと考えられます).

次に，$\log GDP_t$ の二乗と三乗の項の係数が 0，すなわち，

$$H_0 : \beta_3 = \beta_4 = 0$$

を検定してみます．対立仮説は「少なくともどちらか一方が 0 でない」です．まず，帰無仮説のもとで，すなわち，$\log GDP_t$ の二乗と三乗の項を含まないモデルを推定します．

```
OLSQ LOGCU C LOGGDP;
SET S0=@SSR;
```

と入力して下さい．残差の平方和 $S_0 = 0.44805$ は，@SSR (Sum of Squared Residuals の頭文字をとったものです) に計算されていますので，S0 という変数名で保存されます．@で始まる変数は，推定を行うたびに新しい値と置きかえられてしまいますので，後で使う場合は，適当な変数名をつけて保存しておきます．

対立仮説のもとで，すなわち，すべての説明変数を含むモデルは，先ほど推定したものですが，REVIEW コマンドを使って式番号を確認し，EXEC コマンドによって再びモデルの推定を行って下さい（もちろん，`OLSQ LOGCU C LOGGDP LOGGDP2 LOGGDP3;` と再度入力して推定を行うことも可能です．しかしながら，長い式を入力するのは面倒ですし，間違いの原因となりますので，作業を途中で中断して TSP を終了した場合以外（この場合は当然再びコマンドを入力する必要があります），REVIEW と EXEC コマンドを使って推定を行って下さい）．

さらに

```
SET S1=@SSR;
```

として，残差の平方和 $S_1 = 0.24659$ を S1 に保存しておきます．
統計検定量 F は，

$$F = \frac{(S_0 - S_1)/p}{S_1/(T-k)} \tag{3.29}$$

で，$T=34$，$k=4$，$p=2$ ですので，

```
SET F=((S0-S1)/2)/(S1/(34-4));
PRINT F;
```

として，$F = 12.254$ を求めます．有意水準 α を 5% とします．検定の臨界値は F 分布パーセント点 $F_\alpha(p, T-k)$ となりますので，これを

3.6 銅消費量のデータを使った重回帰分析

```
CDF(F,DF1=2,DF2=30,INV)0.05;
```
と入力して求めます．$F=12.254>F_\alpha(p, T-k)=3.316$ ですので，帰無仮説は棄却され，これらは有効な説明変数であることになります．

同じ帰無仮説 $H_0: \beta_3=\beta_4=0$ を今度は，尤度比検定を使って検定してみましょう．現在は，

```
OLSQ LOGCU C LOGGDP LOGGDP2 LOGGDP3;
```
が実行された状態になっています（作業を途中で中断し TSP を終了した場合は，このステートメントを再度入力して実行して下さい）．対数最大尤度（log of likelihood function）の値は，@LOGL に計算されていますので，

```
SET LOGL1=@LOGL;
```
として，対数最大尤度を LOGL1 に保存して下さい．

次に，EXEC コマンドを使って OLSQ LOGCU C LOGGDP; を再実行させて下さい．この場合の対数最大尤度を

```
SET LOGL0=@LOGL;
```
として LOGL0 に保存して下さい．統計検定量 χ^2 は $\chi^2=2(\log L_1-\log L_0)$ ですので，

```
SET CHI2=2*(LOGL1-LOGL0);
PRINT CHI2;
```
と入力して，$\chi^2=20.304$ を求めます．なお，Chi は χ の英語読みです．有意水準 α を 5% とします．検定の臨界値は，自由度 $p=2$ の χ^2 分布 $\chi^2(p)$ のパーセント点 $\chi_\alpha^2(p)$ ですので，この値を

```
CDF(CHI,DF=2,INV)0.05;
```
と入力して求めます．$\chi^2=20.304>\chi_\alpha^2(p)=5.991$ ですので，F 検定の場合と同様，帰無仮説は棄却され，これらは有効な説明変数であることになります．

なお，すでに述べたように，尤度比検定の結果は漸近的（T が大きい場合に近似的に）しか成り立ちません．F 検定は（誤差項の正規性などを仮定すれば）正確に成り立ちますので，回帰分析で線形の仮説を検定する場合は，尤度比検定を行う必要はあまりありません．しかしながら，尤度比検定は，複雑なモデルや非線形の仮説検定にも使うことができ，応用範囲が広く頻繁に使われている検定方法です．

3.6.3 構造変化の検定
● チョウ検定

ここでは，1990年のバブル崩壊を境に，モデルに構造変化が起こったかどうかをチョウ検定（Chow test）とダミー変数を使って検定してみます．分析対象とするモデルは，

$$\log(COPPER_t) = \beta_1 + \beta_2 \log(GDP_t) + u_t \qquad (3.30)$$

とします．前節では，弾性値が小さくなっていることを表すのに，$\log GDP_t$ の二乗項を説明変数に加えたモデルを使いましたが，構造変化がバブル崩壊によって起こり，後半では回帰係数の値が小さくなったということが別の可能性として考えられます．帰無仮説は，「構造変化がなく，β_1, β_2 の値がデータの全期間を通して一定である」です．対立仮説は，「構造変化があり，β_1, β_2 の値が変化している」です．

まず，すべての期間（1970年から2003年まで）のデータを使って推定を行います．

```
OLSQ LOGCU C LOGGDP;
SET S0=@SSR;
```

とし，残差の平方和 $S_0 = 0.44805$ を計算します．次に，1970年から1989年までのデータを使って，推定を行いますので

```
SMPL 1970 1989;
```

と入力して下さい．分析には，1970～1989年のデータが使われます．EXEC コマンドを使って，`OLSQ LOGCU C LOGGDP;` を実行し，

```
SET S11=@SSR;
```

として残差の平方和を S11 に保存します．同様に，1990～2003年のデータを使って推定を行います．

```
SMPL 1990 2003;
```

とし，EXEC コマンドを使って，`OLSQ LOGCU C LOGGDP;` を実行し，

```
SET S12=@SSR;
```

として，後半の期間の残差の平方和を S12 に保存します．

```
SET S1=S11+S12;
```

として，2つに期間を分けた場合の残差の平方和 $S_1 = 0.22796$ を求めます．チョウ検定における統計検定統計量 F は，

3.6 銅消費量のデータを使った重回帰分析

$$F = \frac{(S_0 - S_1)/k}{S_1/(T-2k)}$$

で，$T=34$，$k=2$ ですので，

　SET F=((S0-S1)/2)/(S1/30);

として統計検定量 $F=14.482$ を求めます．有意水準を 1% とします．検定の臨界値は，$F_\alpha(k, T-2k)$ ですので，

　CDF(F,DF1=2,DF2=30,INV)0.01;

として，$F_\alpha(k, T-2k)$ を求めます．$F=14.482 > F_\alpha(k, T-2k) = 5.390$ ですので，帰無仮説は棄却され，構造変化が認められることになります．

● ダミー変数を使った推定と検定

ここでは，ダミー変数を使って，構造変化の検定を行ってみます．まず，定数項のみが前期（1970～1989年）と後期（1990～2003年）で異なるモデル，

$$\log(COPPER_t) = \beta_1 + \beta_2 D_t + \beta_3 \log(GDP_t) + u_t \qquad (3.31)$$

を考えます．D_t は前期が 0，後期が 1 となるダミー変数です．帰無仮説，対立仮説を

$$H_0: \beta_2 = 0, \qquad H_1: \beta_2 \neq 0$$

とします．

すべての期間のデータを使うように

　SMPL 1970 2003;

と入力して下さい．次に，前期が 0，後期が 1 となるダミー変数 D を作成します．前期は，1970～1989 年までの 20 年間ですので，トレンドを表す TIME という変数を使います．（この変数は 2 章で使った変数ですが，この変数が存在しない場合は，TREND TIME; と入力して下さい．）

　D=TIME>20;

と入力してして下さい．TIME>20 という条件が満たされる場合（1990年以後）1，満たされない場合 0 のダミー変数が作成されます．（PRINT D; として確認して下さい．）

　OLSQ LOGCU C D LOGGDP;

と入力して下さい．推定結果（カッコ内は標準誤差）は，

$$\log(COPPER_t) = 3.550 - 0.1387 \cdot D_t + 0.6144 \cdot \log(GDP_t) \qquad (3.32)$$
$$(0.6508)\,(0.0719)(0.1148)$$

となります．D_t の係数の t 値は -1.930 となります．有意水準を5％とすると $T=34$, $k=3$ ですので，$t_{\alpha/2}(T-k)=2.040$ となります．(`CDF(T,DF=31,INV)0.05;` と入力します．) したがって，$|t|<t_{\alpha/2}(T-k)$ となり，帰無仮説は採択され，構造変化が起こったとは，いえないことになります．(なお，このことは，構造変化が起こらなかったことが積極的に証明されたのではないことに注意して下さい．)

次に，モデルの定数項は一定で，弾性値のみが変化するモデル，

$$\log(COPPER_t) = \beta_1 + \beta_2 \log(GDP_t) \qquad (3.33)$$
$$+ \beta_3\{D_t \log(GDP_t)\} + u_t$$

を考えてみます．弾性値は，後期の方が小さくなっていることが予想されますので，帰無仮説，対立仮説を

$$H_0: \beta_3 = 0, \qquad H_1: \beta_3 < 0$$

とします．

```
DLOGGDP=D*LOGGDP;
OLSQ LOGCU C LOGGDP DLOGGDP;
```

と入力して下さい．

推定結果（カッコ内は標準誤差）は，

$$\log(COPPER_t)$$
$$= \underset{(0.6498)}{3.509} + \underset{(0.1146)}{0.6218} \log(GDP_t) - \underset{(0.0116)}{0.0233}\{D_t \log(GDP_t)\} \qquad (3.34)$$

で $D_t \log(GDP_t)$ の係数の t 値は，-2.008 となります．有意水準を5％とすると $T=34$, $k=3$ ですので

```
CDF(T,DF=31,INV,UPTAIL)0.05;
```

と入力して $t_\alpha(T-k)=1.696$ を求めます．$t < -t_\alpha(T-k)$ で，帰無仮説は棄却され，弾性値は低下傾向にあるということが認められます．

最後に，定数項，弾性値ともに変化しているというモデル，

$$\log(COPPER_t) = \beta_1 + \beta_2 D_t + \beta_3 \log(GDP_t) \qquad (3.35)$$
$$+ \beta_4\{D_t \log(GDP_t)\} + u_t$$

を考えてみます．帰無仮説，対立仮説は，

$$H_0: \beta_2 = \beta_4 = 0, \qquad H_1: 少なくともどちらか一方は0でない$$

です. 統計検定統計量 F は,

$$F = \frac{(S_0 - S_1)/k}{S_1/(T-2k)} \tag{3.36}$$

で, $T=34$, $k=2$ ですので

```
OLSQ LOGCU C D LOGGDP DLOGGDP;
SET S1=@SSR;
OLSQ LOGCU C LOGGDP;
SET S0=@SSR;
SET F=((S0-S1)/2)/(S1/30);
PRINT S0 S1 F;
```

と入力して下さい. $S_0=0.4481$, $S_1=0.2280$, $F=14.482$ となり, チョウ検定の場合と全く同一の結果が得られます. 有意水準 α を 1% とします. $F=14.482 > F_\alpha(k, T-2k) = 5.390$ ですので, 帰無仮説は棄却され, 構造変化が認められることになります.

3.6.4 AIC によるモデル選択

ここまでで, いくつかのモデルを考えてきましたが, ここでは, AIC を使って, 最適なモデルの選択をしてみます. 対象とするモデルは,

- モデル 1
  $\log(COPPER_t) = \beta_1 + \beta_2 \log(GDP_t) + u_t$
- モデル 2
  $\log(COPPER_t) = \beta_1 + \beta_2 \log(GDP_t) + \beta_3 \{\log(GDP_t)\}^2 + u_t$
- モデル 3
  $\log(COPPER_t) = \beta_1 + \beta_2 \log(GDP_t) + \beta_3 \{\log(GDP_t)\}^2$
  $\qquad + \beta_4 \{\log(GDP_t)\}^3 + u_t$
- モデル 4
  $\log(COPPER_t) = \beta_1 + \beta_2 D_t + \beta_3 \log(GDP_t) + u_t$
- モデル 5
  $\log(COPPER_t) = \beta_1 + \beta_2 \log(GDP_t) + \beta_3 \{D_t \log(GDP_t)\} + u_t$
- モデル 6
  $\log(COPPER_t) = \beta_1 + \beta_2 D_t + \beta_3 \log(GDP_t) + \beta_4 \{D_t \log(GDP_t)\} + u_t$

の 6 つとします. i 番目のモデルの AIC は, $AIC_i = -2\log L_i + 2k_i$ として求め

るものとします．

最尤法では，回帰係数 $\beta_1, \beta_2, ..., \beta_k$ 以外に σ^2 も同時に推定していますので，推定される未知のパラメータの数は $\nu=k+1$ ですが，すべてのモデルで σ^2 を推定しているので，異なるのは，説明変数の数だけです．TSP での表示方法などに従って（回帰分析では $\mathrm{AIC}_i = -2\log L_i + 2k_i$ を T で割ったものとしている）AIC をこのように計算することにします．

EXEC コマンドなどを使い，各モデルを推定しなおして，対数最大尤度を求めて（TSP では，@LOGL に保存されています）下さい．$2\cdot k_i$ を加えて AIC を各モデルについて計算すると次表のようになります．

表 3.3 AIC によるモデル選択の結果

モデル	$\log L$	AIC	AIC による順位
1	25.353	−46.705	6
2	34.360	−62.720	3
3	35.505	−63.009	2
4	27.282	−48.565	4
5	27.432	−48.863	5
6	36.840	−65.680	1

モデル 6 が AIC の値が最も小さくなっており，選択されます．これで本章の演習を終了しますので，

SAVE 'C:¥TSPEX¥CUDATA2';

と入力して保存して下さい（CUDATA.SAV がすでに存在していますので，ファイル名を変更する必要があります）．

3.7 AIC とカルバック・ライブラー情報量

AIC は，モデル選択に最も広く使われている基準の 1 つですが，ここでは，その理論的な意味についてカルバック・ライブラー情報量（Kullback-Leibler information）を使って簡単に説明します．ここでの内容は，やや高度ですので完全に理解する必要はありません．本書のレベルでは，カルバック・ライブラー情報量と呼ばれる真のモデルと分析対象モデルとの「ずれ」を表すものと AIC は，密接に関連していると理解しておけば十分です．

いま，f を分析対象としているモデル，g を真のモデルとします．カルバック・ライブラー情報量（以下 KL とする）は，

$$KL = E\log(g/f) \tag{3.37}$$

で与えられます．ここで，E は期待値を表す記号です．KL は負にならず，$f \equiv g$ の場合 0 で最小となり，真のモデルと分析対象とするモデルとの「ずれ」を表していると考えられます．したがって，モデル選択には，KL を最小にするものが好ましいことになります．g は未知ですので，KL は直接計算することはできませんが，$E\log(g)$ は真のモデルだけに依存して一定ですので，

$$KL \text{ を最小にする} \Leftrightarrow E\log(f) \text{ を最大にする} \tag{3.38}$$

となります．$E\log(f)$ は平均対数尤度と呼ばれています．

ここで，f が重回帰モデルのように ν 個のパラメータ $\theta_1, \theta_2, ..., \theta_\nu$ で決まるモデル（一般性をもたせるため未知のパラメータを θ で表します）であり，真のモデル g もこの中に含まれるとします．選択すべきモデルは $E\log(f)$ を最大にするものですが，これは，KL と同様，直接推定できませんので，対数最大尤度を観測値の数で割った

$$h = \frac{\log L}{n} \tag{3.39}$$

で置きかえることが考えられます．しかしながら，h にはバイアスがあり，このままでは $E\log(f)$ のかわりに用いることはできません．

詳細は省略しますが，統計理論からこのバイアスを近似的に計算すると，ν/n となり，

$$E\log(f) \approx \frac{\log L}{n} - \frac{\nu}{n} \tag{3.40}$$

とみなすことができます．AIC は，(3.40) の両辺に $-2n$ を掛けたものとして定義しました．結局 AIC を最小にするモデルを選択することは，近似的にですがカルバック・ライブラー情報量を最小にするモデルを選択することになっています．

3.8 演習問題

2章の演習問題のアメリカ合衆国の実質 GDP と銅消費量のデータを使い次の演習を行って下さい．

1. $\log GDP_t$, $\{\log(GDP_t)\}^2$, $\{\log(GDP_t)\}^3$ を説明変数に含むモデルの推定および各説明変数の係数の有意性の t 検定．

2. $\{\log(GDP_t)\}^2$, $\{\log(GDP_t)\}^3$ の係数が同時に 0 であるという帰無仮説の F 検定および尤度比検定.
3. 期間を第二次石油ショックの前後で, 前期 (1970〜1979 年) と後期 (1980〜2003 年) に分けたチョウ検定による構造変化の検定.
4. 前期が 0, 後期が 1 に分けるダミー変数を使ったモデルの推定と構造変化の検定.
5. AIC による最適なモデルの選択.

4. 系列相関，不均一分散および多重共線性

4.1 標準的な仮定

2，3章では，回帰モデル，
$$Y_i = \beta_1 + \beta_2 X_{2i} + \beta_3 X_{3i} + \cdots + \beta_k X_{ki} + u_i, \quad i=1,2,\ldots,n \quad (4.1)$$
について説明しましたが，このモデルにおいて，説明変数 $X_{2i}, X_{3i}, \ldots, X_{ki}$ と誤差項 u_i について次の5つの標準的な仮定をおきました．

- ●仮定1
  $X_{2i}, X_{3i}, \ldots, X_{ki}$ は確率変数でなく，すでに確定した値をとる．
- ●仮定2
  u_i は確率変数で期待値が0．
- ●仮定3
  異なった誤差項は無相関．
- ●仮定4
  分散の均一性．すなわち，分散が一定で σ^2．
- ●仮定5
  説明変数間に完全な多重共線性がない．

しかしながら，データによってはこれらの仮定が満足されているとは限りません．ここでは，仮定が満足されないケースとして，誤差項の系列相関 (serial correlation)，誤差項の不均一分散性 (heteroskedasticity)，および，説明変数間の多重共線性の問題について説明します（仮定2は，モデルが正しく選択されていることで，すでに説明した回帰係数の検定・モデル選択の問題と関連しています．仮定1が満足されない場合については，5章で説明します）．

4.2 誤差項の系列相関

4.2.1 1次の自己相関

標準的な仮定(仮定3)では,誤差項が無相関であることを仮定していますが,誤差項間に相関関係(系列相関)があると考えざるをえない場合も多くあります.誤差項の系列相関が問題となるのは,ほとんどの場合,時系列データです.これまでと同様,時系列データであることを明確にするため,添え字をt,観測値の数をTとし,モデルを

$$Y_t = \beta_1 + \beta_2 X_{2t} + \beta_3 X_{3t} + \cdots + \beta_k X_{kt} + u_t, \quad t=1, 2, ..., T \quad (4.2)$$

とします.

誤差項の系列相関には,いろいろなタイプのものが考えられますが,最も基本的でかつ応用上も重要なものは,1次の自己回帰,autoregressionと呼ばれるものです.これは,誤差項間に

$$u_t = \rho u_{t-1} + \varepsilon_t, \quad |\rho| < 1 \quad (4.3)$$

という関係があり,ε_tは,

$$E\varepsilon_t = 0 \quad (4.4)$$
$$V\varepsilon_t = \sigma_\varepsilon^2$$
$$Cov(\varepsilon_s, \varepsilon_t) = E(\varepsilon_s, \varepsilon_t) = 0, \quad s \neq t$$

を満足するものです.自己回帰はARと略され,1次の自己回帰はAR1と表されます.

誤差項の分散・共分散は,

$$V(u_t) = \sigma_\varepsilon^2/(1-\rho^2), \quad Cov(u_t, u_{t-s}) = \rho^s V(u_t) \quad (4.5)$$

となります.したがって,誤差項間の相関係数(自己相関係数,autocorrelation coefficient)は,

$$r_s = \frac{Cov(u_t, u_{t-s})}{\sqrt{V(u_t) \cdot V(u_{t-s})}} \quad (4.6)$$
$$= \frac{Cov(u_t, u_{t-s})}{V(u_i)}$$
$$= \rho^s$$

となり,sが大きくなる(2つの時期が大きく離れるほど)と自己相関係数は小さくなっていくことがわかります.

4.2.2 系列相関の検出
● 回帰残差のグラフ
誤差項間の1次の自己回帰は，
$$u_t = \rho u_{t-1} + \varepsilon_t \tag{4.7}$$
と表されます．このタイプでは，系列相関が存在するかどうかは，$\rho=0$であるかどうかによって決定されます．このためには，$H_0: \rho=0$の検定を行うことになります．当然のことながら，誤差項u_tの値を知ることはできませんので，u_tのかわりに最小二乗法から求めた残差e_tを使います．詳細は省略しますが，誤差項に系列相関があっても，最小二乗推定量$\hat{\beta}_1, \hat{\beta}_2, ..., \hat{\beta}_k$は，不偏・一致推定量ですので，$u_t \approx e_t$と考えることができます．

系列相関の有無を調べるには，まず，e_tをグラフに書いてみます．系列相関があり$\rho>0$の場合は図4.1(a)，$\rho<0$の場合は図4.1(b)，系列相関がない場合は図4.1(c)のようになります．

● ダービン・ワトソン検定
誤差項の自己相関の強さを表すような統計量を考え，それを使い検定を行います．ε_tは独立で正規分布に従うと仮定します．計量経済学で広く使われているものにダービン・ワトソンのd統計量（Durbin-Watson d-statistic）があります．いま，

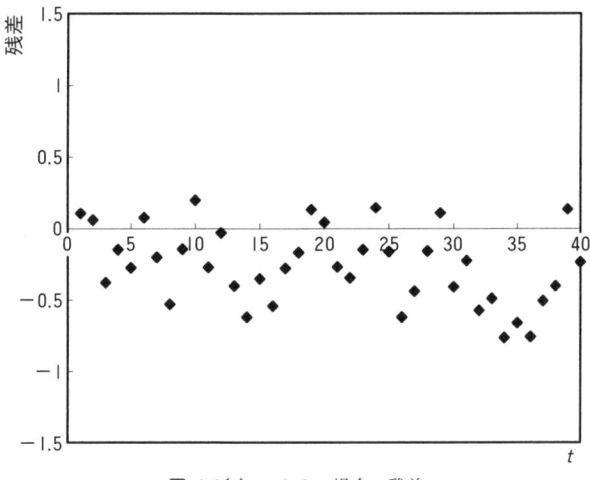

図 4.1(a)　$\rho>0$の場合の残差

図 4.1(b) $\rho<0$ の場合の残差

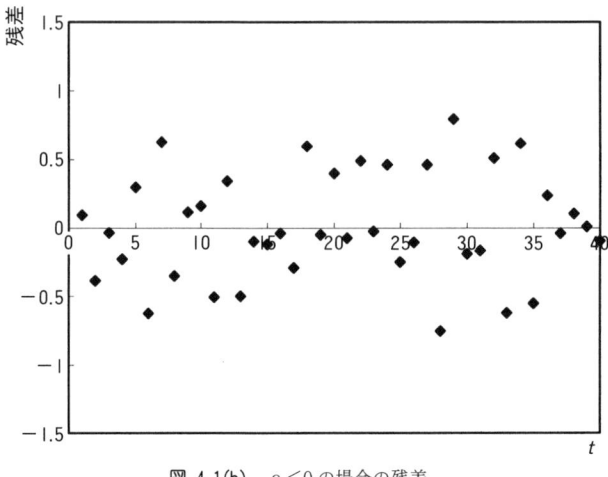

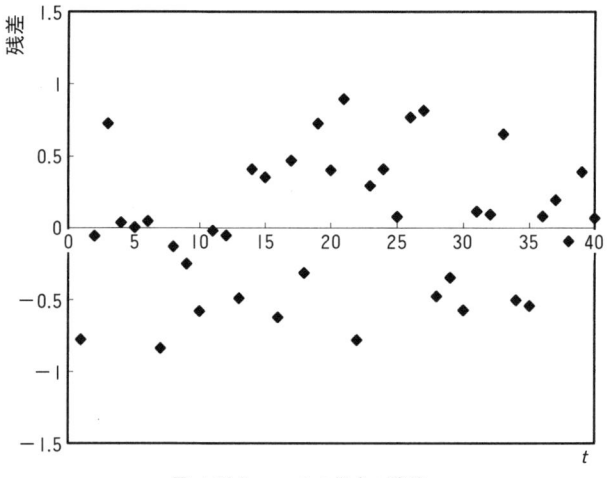

図 4.1(c) $\rho=0$ の場合の残差

$$d=\frac{\sum_{t=2}^{T}(e_t-e_{t-1})^2}{\sum_{t=1}^{T}e_t^2} \tag{4.8}$$

とします.d は 0 から 4 までの間の値をとり,負になったり,4 をこえたりすることはありません.

ところで, $\sum_{t=1}^{T}e_t^2$, $\sum_{t=2}^{T}e_t^2$, $\sum_{t=2}^{T}e_{t-1}^2$ は, 1つの要素の差しかありませんから, T が大きければ, ほぼ等しいとみなすことができます. したがって,

$$d \approx \frac{\sum e_t^2 + \sum e_{t-1}^2 - 2\sum e_t e_{t-1}}{\sum e_t^2} \approx 2 \cdot (1-\hat{\rho}) \qquad (4.9)$$

となります. $\hat{\rho}$ は, e_t に関しての1次自己回帰モデル

$$e_t = \rho \cdot e_{t-1} + \varepsilon_t^* \qquad (4.10)$$

を考えた場合の最小二乗推定量です (このモデルは定数項を含まないことに注意してください). $u_t \approx e_t$ と考えることができますので, $\hat{\rho} \approx \rho$ となり, 結局,

$$d \approx 2 \cdot (1-\rho) \qquad (4.11)$$

とみなすことができます.

したがって,

$$\begin{aligned} d \approx 0, & \quad \rho \approx 1 \\ d \approx 2, & \quad \rho \approx 0 \\ d \approx 4, & \quad \rho \approx -1 \end{aligned} \qquad (4.12)$$

となります.

これを使って系列相関の検定, すなわち, $H_0: \rho=0$ の検定を行いますが, このためには, $\rho=0$ の場合の d の分布を考える必要があります. d の値が2に近い場合 H_0 を採択し, 0や4に近い場合棄却することになります. しかしながら, d の分布は説明変数 $X_{2t}, X_{3t}, ..., X_{kt}$ に依存してしまうため, $\rho=0$ の場合に

$$P(d > d_\alpha) = \alpha, \qquad P(d > d_{1-\alpha}) = 1-\alpha$$

となる正確なパーセント点 d_α, $d_{1-\alpha}$ をいままでのように簡単に求めることができません (なお, d は系列相関の正負についての情報を含んでいますので, 通常片側検定を行います).

ダービン・ワトソンは, d_α, $d_{1-\alpha}$ には説明変数 $X_{2t}, X_{3t}, ..., X_{kt}$ に依存しない下限値 d_L と上限値 d_U が存在し,

$$d_L < d_{1-\alpha} < d_U, \qquad 4 - d_U < d_\alpha < 4 - d_L \qquad (4.13)$$

となることを示しました. $\alpha=5\%$ の場合の d_L, d_U の値は表4.1に与えられています. t 分布表などと異なり, データ数 T と説明変数の数 k^* (定数項は除き, このモデルでは $k-1$ となります) から値を求めます.

d_L, d_U の値を使って誤差項の系列相関 $H_0: \rho=0$ の検定を行いますが,

ⅰ) d が0に近く, $d \leq d_L$ ならば H_0 を棄却し, 正の系列相関があり $\rho > 0$ と

する.

ii) d が 2 に近く,$d_U \leq d \leq 4-d_U$ ならば H_0 を採択し,相関関係がなく $\rho=0$ とする.

iii) d が 4 に近く,$d \geq 4-d_L$ ならば H_0 を棄却し,負の系列相関があり $\rho<0$ とする.

iv) (i)〜(iii)のいずれの場合でもない,すなわち,$d_L<d<d_U$,$4-d_U<d<4-d_L$ ならば,判断を保留する(H_0 を棄却も採択もしない).

この検定は,ダービン・ワトソンの検定(Durbin-Watson test)と呼ばれますが,これまでの検定と異なり,判断を保留する部分があることに注意して下さい.

● 漸近分布に基づく検定

ダービン・ワトソンの検定で判断が保留された場合は,漸近分布に基づく検定を行います.ダービン・ワトソンの検定は,T によらずに正確に成り立つ検定方法です.一方,ここで述べる漸近分布に基づく検定は漸近的(T が大きい場合に近似的に)にしか成り立たない検定方法ですので,ダービン・ワトソンの検定で判断可能な場合は,ここで述べる検定を行う必要はありません.いくつかの検定方法がありますが,ここでは回帰残差 e_t を使った t 検定と尤度比検定につ

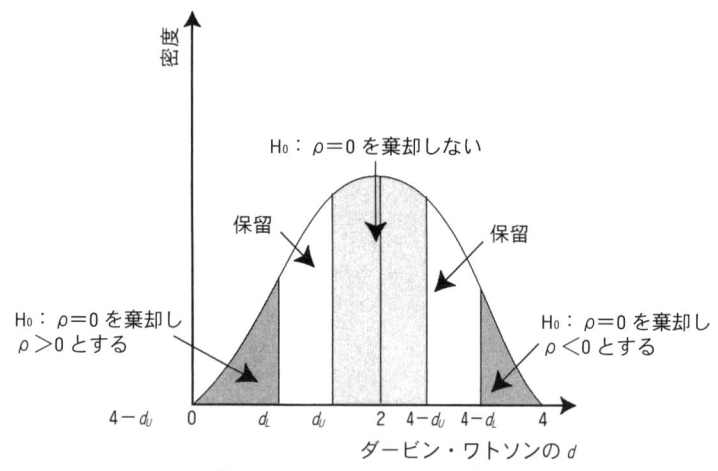

図 4.2 ダービン・ワトソンの検定
通常の検定と異なりこの検定には判断を保留する部分がある.

4.2 誤差項の系列相関

表 4.1 ダービン・ワトソン統計量の有意水準 5% の d_L と d_U

Durbin J., and G. S. Watson, 1951, "Testing for Serial Correlation in Least Squares Regression, II" *Biometrika*, 38, 150–178; Savin, N. E., and K. J. White, 1977, "The Durbin–Watson Test for Serial Correlation with Extreme Sample Sizes or Many Regressors," *Econometrica*, 45, 1989〜1996 より作成.

T	$k^*=1$		$k^*=2$		$k^*=3$		$k^*=4$		$k^*=5$		$k^*=6$		$k^*=8$		$k^*=10$	
	d_L	d_U	d_L	d_U	d_L	d_U	d_L	d_U	d_L	d_U	d_L	d_U	d_L	d_U	d_L	d_U
15	1.08	1.36	0.95	1.54	0.82	1.75	0.69	2.00	0.56	2.22	0.45	2.47	0.25	2.98	0.11	3.44
16	1.12	1.37	0.98	1.54	0.86	1.73	0.73	1.94	0.62	2.16	0.50	2.39	0.30	2.86	0.16	3.30
17	1.13	1.38	1.02	1.54	0.90	1.71	0.78	1.90	0.66	2.10	0.55	2.32	0.36	2.76	0.20	3.18
18	1.16	1.39	1.05	1.54	0.93	1.70	0.82	1.87	0.71	2.06	0.60	2.26	0.41	2.67	0.24	3.07
19	1.18	1.40	1.07	1.54	0.97	1.69	0.86	1.85	0.75	2.02	0.65	2.21	0.46	2.59	0.29	2.97
20	1.20	1.41	1.10	1.54	1.00	1.68	0.89	1.83	0.79	1.99	0.69	2.16	0.50	2.52	0.34	2.89
21	1.22	1.42	1.13	1.54	1.03	1.67	0.93	1.81	0.83	1.96	0.73	2.12	0.55	2.46	0.38	2.81
22	1.24	1.43	1.15	1.54	1.05	1.66	0.96	1.80	0.86	1.94	0.77	2.09	0.59	2.41	0.42	2.73
23	1.26	1.44	1.17	1.54	1.08	1.66	0.99	1.79	0.90	1.92	0.80	2.06	0.63	2.36	0.47	2.67
24	1.27	1.45	1.19	1.55	1.10	1.66	1.01	1.78	0.93	1.90	0.84	2.04	0.67	2.32	0.51	2.61
25	1.29	1.45	1.21	1.55	1.12	1.65	1.04	1.77	0.95	1.89	0.87	2.01	0.70	2.28	0.54	2.56
26	1.30	1.46	1.22	1.55	1.14	1.65	1.06	1.76	0.98	1.87	0.90	1.99	0.74	2.25	0.58	2.51
27	1.32	1.47	1.24	1.56	1.16	1.65	1.08	1.75	1.00	1.86	0.93	1.98	0.77	2.22	0.62	2.47
28	1.33	1.48	1.26	1.56	1.18	1.65	1.10	1.75	1.03	1.85	0.95	1.96	0.80	2.19	0.65	2.43
29	1.34	1.48	1.27	1.56	1.20	1.65	1.12	1.74	1.05	1.84	0.98	1.94	0.83	2.16	0.68	2.40
30	1.35	1.49	1.28	1.57	1.21	1.65	1.14	1.74	1.07	1.83	1.00	1.93	0.85	2.14	0.71	2.36
31	1.36	1.50	1.30	1.57	1.23	1.65	1.16	1.74	1.09	1.83	1.02	1.92	0.88	2.12	0.74	2.33
32	1.37	1.50	1.31	1.57	1.24	1.65	1.18	1.73	1.11	1.82	1.04	1.91	0.90	2.12	0.77	2.31
33	1.38	1.51	1.32	1.58	1.26	1.65	1.19	1.73	1.13	1.81	1.06	1.90	0.93	2.09	0.80	2.28
34	1.39	1.51	1.33	1.58	1.27	1.65	1.21	1.73	1.14	1.81	1.08	1.89	0.95	2.07	0.82	2.26
35	1.40	1.52	1.34	1.58	1.28	1.65	1.22	1.73	1.16	1.80	1.10	1.88	0.97	2.05	0.85	2.24
36	1.41	1.53	1.35	1.59	1.30	1.65	1.24	1.72	1.18	1.80	1.11	1.88	0.99	2.04	0.87	2.22
37	1.42	1.53	1.36	1.59	1.31	1.66	1.25	1.72	1.19	1.80	1.13	1.87	1.01	2.03	0.89	2.20
38	1.43	1.54	1.37	1.59	1.32	1.66	1.26	1.72	1.20	1.79	1.15	1.86	1.03	2.02	0.91	2.18
39	1.44	1.54	1.38	1.60	1.33	1.66	1.27	1.72	1.22	1.79	1.16	1.86	1.05	2.01	0.93	2.16
40	1.44	1.54	1.39	1.60	1.34	1.66	1.29	1.72	1.23	1.79	1.18	1.85	1.06	2.00	0.95	2.15
45	1.48	1.57	1.43	1.62	1.38	1.67	1.34	1.72	1.29	1.78	1.24	1.84	1.14	1.96	1.04	2.09
50	1.50	1.59	1.46	1.63	1.42	1.67	1.38	1.72	1.34	1.77	1.29	1.82	1.20	1.93	1.11	2.04
55	1.53	1.60	1.49	1.64	1.45	1.68	1.41	1.72	1.37	1.77	1.33	1.81	1.25	1.91	1.17	2.01
60	1.55	1.62	1.51	1.65	1.48	1.69	1.44	1.73	1.41	1.77	1.37	1.81	1.30	1.89	1.22	1.98
65	1.57	1.63	1.54	1.66	1.50	1.70	1.47	1.73	1.44	1.77	1.40	1.81	1.34	1.88	1.27	1.96
70	1.58	1.64	1.55	1.67	1.53	1.70	1.49	1.74	1.46	1.77	1.43	1.80	1.37	1.87	1.31	1.95
80	1.61	1.66	1.59	1.69	1.56	1.72	1.53	1.74	1.51	1.77	1.48	1.80	1.43	1.86	1.37	1.93
90	1.64	1.68	1.61	1.70	1.59	1.73	1.57	1.75	1.54	1.78	1.52	1.80	1.47	1.85	1.42	1.91
100	1.65	1.69	1.63	1.72	1.61	1.74	1.59	1.76	1.57	1.78	1.55	1.80	1.51	1.85	1.46	1.90
150	1.72	1.75	1.71	1.76	1.69	1.77	1.68	1.79	1.67	1.80	1.65	1.82	1.62	1.85	1.59	1.90
200	1.76	1.78	1.75	1.79	1.74	1.80	1.73	1.81	1.72	1.82	1.71	1.83	1.69	1.85	1.67	1.87

いて説明します．

回帰残差を使った t 検定は，回帰残差 e_t に対して

$$e_t = \rho e_{t-1} + \varepsilon_t^* \qquad (4.14)$$

というモデルを考えて，$H_0: \rho=0$ の t 検定を通常の回帰係数の検定と同様に行う方法です．しかしながら，(4.14) は回帰分析の標準的な仮定を漸近的にしか満足しませんので，検定は漸近的なものとなります．なお，このモデルは定数項を含まないことを注意して下さい．

$H_0: \rho=0$ の検定を尤度比検定を使って行うことも可能です．帰無仮説のもとでは，最尤法は最小二乗法となりますので，その推定結果から，対数最大尤度 $\log L_0$ を求めます．次に，誤差項間に1次の自己相関があるとして，モデルを推定し（詳細は次項において説明します）対立仮説 $H_1: \rho \neq 0$ のもとでの対数最大尤度 $\log L_1$ を計算します．

$$\chi^2 = 2 \cdot (\log L_1 - \log L_0)$$

は，自由度1の χ^2 分布 $\chi^2(1)$ に漸近的に従いますので，検定統計量 χ^2 と $\chi^2(1)$ の自由度 α に対応するパーセント点 $\chi_\alpha^2(1)$ とを比較し，$\chi^2 > \chi_\alpha^2(1)$ の場合，帰無仮説を棄却し，その他の場合，採択します．なお，この検定では対立仮説を不等号で与える片側検定を行うことはできませんので，注意して下さい．

4.2.3 誤差項が1次の自己相関に従う場合の推定

● コクラン・オーカット法

誤差項間に1次の自己相関

$$u_t = \rho u_{t-1} + \varepsilon_t, \qquad \rho \neq 0$$

がある場合の回帰モデル

$$Y_i = \beta_1 + \beta_2 X_{2t} + \beta_3 X_{3t} + \cdots + \beta_k X_{kt} + u_t, \qquad t=1, 2, ..., T$$

の推定について説明します．この場合，最小二乗推定量は，不偏・一致推定量ですが，最良線形不偏推定量（BLUE）ではなく，（少なくとも漸近的には）よい推定量が存在します．また，推定量の分散や共分散は，最小二乗法で使った公式で求めることはできません．

いま，説明を簡単にするため，ρ の値が既知であるとします．$t=2, 3, ..., T$ に対して

$$Y_t^* = Y_t - \rho Y_{t-1}, \qquad X_{jt}^* = X_{jt} - \rho X_{jt-1}, \qquad j=2, 3, ..., k \qquad (4.15)$$

とすると，

4.2 誤差項の系列相関

$$Y_t^* = \beta_1(1-\rho) + \beta_2 X_{2t}^* + \beta_3 X_{3t}^* + \cdots + \beta_k X_{kt}^* + \varepsilon_t \quad (4.16)$$
$$t = 2, 3, ..., T$$

となります．この式は，回帰モデルの標準的な仮定を満足しますから，この式を使って最小二乗法によって推定を行えばよいことになります．実際は ρ は未知ですので，

$$e_t = \rho e_{t-1} + \varepsilon_t^*, \quad t = 2, 3, ..., T \quad (4.17)$$

から求めた推定量 $\hat{\rho}$ を使って推定を行います．この方法をコクラン・オーカット (Cochrane-Orcutt) 法と呼びます．

● 一般化最小二乗法

コクラン・オーカット法では，推定に使われるデータ数が $T-1$ で，1つ減ってしまい，最初のデータのもつ情報が完全には使われていません．最初のデータのもつ情報を補うために，

$$Y_1^* = \sqrt{1-\rho^2}\, Y_1, \quad X_{j1}^* = \sqrt{1-\rho^2}\, X_{j1}, \quad j = 2, 3, ..., k \quad (4.18)$$

としますと，

$$Y_t^* = \beta_1 X_{1t}^* + \beta_2 X_{2t}^* + \beta_3 X_{3t}^* + \cdots + \beta_k X_{kt}^* + \varepsilon_t^* \quad (4.19)$$
$$t = 1, 2, ..., T$$

$$X_{1t}^* = \begin{cases} \sqrt{1-\rho^2}, & t = 1 \\ 1-\rho, & t = 2, 3, ..., T \end{cases}$$

$$\varepsilon_t^* = \begin{cases} \sqrt{1-\rho^2}\, u_1, & t = 1 \\ \varepsilon_t, & t = 2, 3, ..., T \end{cases}$$

となります．ε_t^* は互いに独立で $t = 1, 2, ..., T$ に対して分散が σ_ε^2 となっています．

(4.17) 式を使って，コクラン・オーカット法と同様に回帰残差から $\hat{\rho}$ を求め，それを ρ に代入することによって推定を行うができますが，この方法は，推定可能な (estimable) 一般化最小二乗法 (generalized least squares, GLS) と呼ばれます．

● 最 尤 法

u_t，ε_t が正規分布に従うと仮定しますと，最尤法による推定を行うができます．

$$Q = \sum_{t=1}^{T} \{Y_t^* - (\beta_1 X_{1t}^* + \beta_2 X_{2t}^* + \beta_3 X_{3t}^* + \cdots + \beta_k X_{kt}^*)\}^2 \quad (4.20)$$

とすると，この場合の尤度関数は，

$$\log L = -\frac{T}{2}\log 2\pi - \frac{T}{2}\log \sigma_\varepsilon^2 + \frac{1}{2}\log(1-\rho^2) - \frac{Q}{2\sigma_\varepsilon^2} \qquad (4.21)$$

となります．$\partial \log L / \partial \sigma_\varepsilon^2 = 0$ とすると，

$$\sigma_\varepsilon^2 = \frac{Q}{T} \qquad (4.22)$$

となりますので，最尤推定量 $\hat{\beta}_1, \hat{\beta}_2, ..., \hat{\beta}_k, \hat{\rho}$ は，

$$\log L^* = -\frac{T}{2}\log Q + \frac{1}{2}\log(1-\rho^2) \qquad (4.23)$$

を最大にすることによって求めます（コクラン・オーカット法などと異なり，ρ は回帰係数 $\beta_1, \beta_2, ..., \beta_k$ と同時に推定します）．

$\log L^*$ は ρ に関しては複雑な関数となっており解析的に求めることができませんので，推定には数値計算法を使います．なお，$\log L^*$ を最大にすることは，Q を最小にすることとは同じではありませんが，T が大きい場合は，$\log(1-\rho^2)$ の項の影響は小さく，両者はほとんど同じ結果となります．

最尤法は，このモデルの推定に最も広く使われている方法であり，TSP の AR1 コマンドでも標準の推定方法となっています（他の推定方法を使うにはオプションで指定する必要があります）．

なお，この誤差項に1次の自己相関がある場合は（誤差項にも情報がありますので），Y_t のあてはめ値 $\hat{Y}_t$ は，

$$\hat{Y}_t^* = \hat{\beta}_1 + \hat{\beta}_2 X_{2t} + \cdots + \hat{\beta}_k X_{kt} \qquad (4.24)$$
$$e_0 = 0, \quad e_t = Y_t - \hat{Y}_t^*, \quad t=1, 2, ..., T$$
$$\hat{Y}_t = \hat{Y}_t^* + \hat{\rho} e_{t-1}$$

で求めます．また，回帰残差は，

$$\hat{\varepsilon}_t = Y_t - \hat{Y}_t \qquad (4.25)$$

となります．

4.2.4 銅消費量データを使った系列相関の分析
● 系列相関の検定

銅消費量のデータを使って誤差項の系列相関の分析を行ってみましょう．TSP を起動させて下さい．

```
RESTORE  'C:\TSPEX\CUDATA2';
```

と入力してデータを TSP に呼び出して下さい．次に

4.2 誤差項の系列相関

```
SHOW SERIES;
```
として，変数名を確認して下さい．

銅消費量を説明する回帰モデルを
$$\log(COPPER_t) = \beta_1 + \beta_2 \log(GDP_t) + u_t \tag{4.26}$$
とします（3章のモデル選択では，$\log(GDP_t)$ の二乗の項を含んだモデルが選ばれましたが，ここでは，誤差項の系列相関の説明をわかりやすくするため，このモデルを使います）．

```
OLSQ LOGCU C LOGGDP;
```
と入力して下さい．

推定結果が出力されますが，まず，回帰残差 e_t をグラフにしてみましょう．e_t は @RES に自動的に計算されていますが，これを E という変数名で保存し，グラフに表してみます．

```
E=@RES;
```
```
PLOT E;
```
として下さい．e_t は大きく波を打って変動しており（図4.3），系列相関がありそうです．ダービン・ワトソンの検定統計量（Durbin-Watson statistic）の値

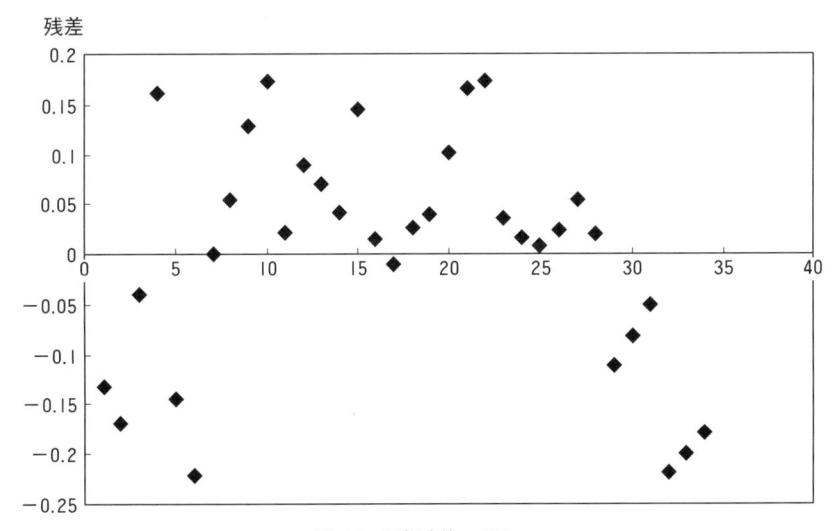

図 4.3 回帰残差のグラフ
残差は大きく波うって変動している

を求めますが,
`PRINT @DW;`
として下さい. $d=0.7919$ が得られます. 有意水準 α を5%とすると, $T=34$, $k^*=1$ ですので, $d_L=1.39$, $d_U=1.51$ となります. $d<d_L$ ですので, 正の系列相関が認められることになります. なお, TSP ではこの検定統計量の p 値の上限が与えられますが, これではうまく検定できない場合がありますので, ここで説明した方法を使ってください.

演習のため
$$e_t = \rho e_{t-1} + \varepsilon_t^*, \qquad t=2, 3, ..., T$$
として, 回帰残差から ρ を推定し検定を求めてみましょう.
`OLSQ E E(-1);`
と入力して下さい. `E(-1)` は, 1つラグをとった E の1期前のデータ e_{t-1} を意味します. (TSP では, 2期前のデータは `E(-2)`, 3期前のデータは `E(-3)` のように, ラグを取ったデータを簡単に使うことができます.) このモデルは定数項を含みませんので, C を説明変数に加えません. 1960年には前期の値 `E(-1)` がありませんので, 欠損値となり, 分析には1971~2003年の33年のデータが使われます.

推定結果は (カッコ内は標準誤差),
$$e_t = 0.5909 \cdot e_{t-1} \qquad (4.27)$$
$$(0.1464)$$
で, t 値は4.037です. 有意水準 α を5%とし, 両側検定を行います. 自由度を32とします (この検定は, 漸近的にしか成り立ちませんので, 正確な自由度を求めることはできません. ここでは, 最小二乗法において一般的に使われるルールを使うことにします).
`CDF(T,DF=32,INV)0.05;`
として, t 分布のパーセント点 $t_{\alpha/2}(32) = 2.037$ を求めます. $4.037 = |t| > t_{\alpha/2}(32) = 2.037$ ですので, 帰無仮説は棄却され, 誤差項の系列相関が認められることになります.

なお, 定数項を含まないモデルの場合, R^2 (R-squared) は3章での定義ではあてはまりのよさを正しく表現することができません. この場合, 本書では多重共線性の説明などとの関連から $R^{*2} = \sum e_i^2 / \sum Y_i^2$ を使うこととします.

● 誤差項に 1 次の自己相関が存在する場合の推定

誤差項に 1 次の自己相関が存在する場合の推定を行う TSP のコマンドは，AR1 ですので，OLSQ のかわりに

AR1 LOGCU C LOGGDP;

と入力して下さい．最尤法による推定が行われ，表 4.2 のような結果が出力されます．

誤差項に一次の自己相関のある場合 (FIRST-ORDER SERIAL CORRELATION OF THE ERROR) の最尤法による推定であることが表示されます．また，最尤法による推定では解析的に解を求めることができませんので，数値計算法が使われていますが，この例では，8 回の繰り返し後に収束 (CONVERGENCE ACHIEVED AFTER 8 ITERATIONS) しています．

表 4.2 AR1 コマンドによる推定結果

```
                        Equation 3
                        ============
            FIRST-ORDER SERIAL CORRELATION OF THE ERROR
            Objective function:Exact ML(keep first obs.)

CONVERGENCE ACHIEVED AFTER 8ITERATIONS

Dependent variable:LOGCU
Current sample:1970 to 2003
Number of observations:34

        Mean of dep. var.=7.10625       R-squared=.718497
      Std. dev. of dep.var.=.177821     Adjusted R-squared=.700336
   Sum of squared residuals=.297094     Durbin-Watson=1.81032
      Variance of residuals=.958366E-02  Schwarz B.I.C.=-26.9923
   Std. error of regression=.097896     Log likelihood=32.2819

                           Standard
Parameter     Estimate       Error      t-statistic     P-value
C              4.29216       .719861     5.96248        [.000]
LOGGDP         .476381       .122051     3.90313        [.000]
RHO            .611284       .148135     4.12653        [.000]

Standard Errors computed from analytic second derivatives(Newton)
```

各種の統計量の値は，最小二乗法で説明した通りですが，残差の平方和（sum of squared residuals）からダービン・ワトソンの統計量（Durbin-Watson statistic）までは，$\hat{\varepsilon}_t$ に基づいて計算されています。

$\hat{\rho}$ の値（RHO）は 0.611，その標準誤差（standard error）は 0.148，t 値（t-statistic）は 4.127 となります。

検定の項で説明しませんでしたが，この t 値を使って，誤差項に系列相関があるかどうか，すなわち，H_0：$\rho=0$（対立仮説は H_1：$\rho\neq0$ とします。）の検定を行うことができます。残差を求めるのには，3つのパラメータ，β_1，β_2，ρ を推定する必要がありますので，自由度を（観測値の数）−（残差を求めるのに推定する必要のあるパラメータの数）の 31 とします。有意水準 α を 5% とすると，

`CDF(T,DF=31,INV)0.05;`

と入力して，t 分布のパーセント点 $t_{\alpha/2}(31)=2.040$ を求めます。$|t|>t_{\alpha/2}$ ですので，帰無仮説は棄却され，誤差項に系列相関が認められることになります（なお，この検定も漸近的にしか成り立ちませんので，正確な t 分布の自由度を求めることはできません。ここでは，自由度＝（観測値の数）−（残差を求めるのに推定する必要のあるパラメータの数），としました）。

対数最大尤度（log of likelihood function）の値は，32.282 ですが，これを使って H_0：$\rho=0$ の尤度比検定（対立仮説は H_1：$\rho\neq0$ となります。尤度比検定では対立仮説が H_1：$\rho>0$ で与えられる片側検定を行うことはできません）を行ってみます。帰無仮説のもと，すなわち $\rho=0$ の場合の最尤推定は，最小二乗法による推定ですので

`OLSQ LOGCU C LOGGDP;`

と入力し，対数最大尤度 $\log L_0=25.353$ を求めます。一方，対立仮説のもとでの対数最大尤度は，`AR1` コマンドで求めた値ですので，$\log L_1=32.282$ となります。したがって，検定統計量 $\chi^2=2\cdot(\log L_1-\log L_0)=13.858$ となります（計算には `SET` コマンドを使います）。有意水準 α を 5% とします。

`CDF(CHI,DF=1,INV)0.05;`

と入力して，自由度 1 の χ^2 分布のパーセント点 $\chi_\alpha^2(1)=3.841$ を求めます。$\chi^2>\chi_\alpha^2(1)$ となり，尤度比検定によっても帰無仮説は棄却され，誤差項には系列相関が認められることになります。

`AR1` コマンドによる推定結果（カッコ内は標準誤差）は，

$$\log(COPPER_t) = 4.292 + 0.476 \cdot \log(GDP_t) \qquad (4.28)$$
$$(0.720)(0.122)$$

となります．この結果を使って，最小二乗推定の場合と同様に各回帰係数について t 検定（たとえば，$H_0: \beta_2=0$ や $H_0: \beta_2=1$ などの検定）を行うことができます．しかしながら，この場合の t 検定は漸近的にしか成り立ちません．また，検定の自由度は残差を求めるのに β_1, β_2, ρ の 3 つのパラメータを推定しているので，34−3=31 とします．

ρ に関する検定を含め t 検定は漸近的にしか成り立ちません．したがって，当然，正確な自由度を求めることはできません．漸近分布は標準正規分布ですが，検定統計量の分布は標準正規分布より裾の広い分布になり，t 分布の方があてはまりがよくなります．t 分布では，自由度を決める必要があります．ここでは，すでに述べたように，最小二乗法の考え方を拡張して，(観測値の数)−(残差を求めるのに推定する必要のあるパラメータの数) で決めることにします．

なお，このモデルでは最尤法による推定が一般的ですが，コクラン・オーカット法で推定を行いたい場合は，`AR1` コマンドのオプションを使い，
`AR1(METHOD=CORC)LOGCU C LOGGDP;`
とします．

これで，誤差項の系列相関に関する演習を終了しますので，TSP を一度終了して下さい．

4.3 不均一分散

4.3.1 不均一分散とは

線形回帰モデルにおける標準的な仮定では，誤差項の分散が一定と仮定しました．すなわち，$\sigma_i^2 = V(u_i)$ とすると，

$$\sigma_i^2 = \sigma^2, \qquad i=1, 2, ..., n \qquad (4.29)$$

となります．これを分散均一性（homoskedasticity）と呼びます．しかしながら，実際のデータでは，この仮定が満足されず分散が一定でない場合があります．図 4.4 は，x の値が大きくなるに従って，データのばらつきが大きくなっていますが，このような場合は分散が一定ではなく，均一分散の仮定は満たされていません．これを，分散の不均一性（heteroskedasticity）と呼びます．ここでは，分散の不均一性について説明します（なお，分散の不均一性は，時系列，非時系列データのどちらの場合でも問題となりますので，一般性を持たせるため，

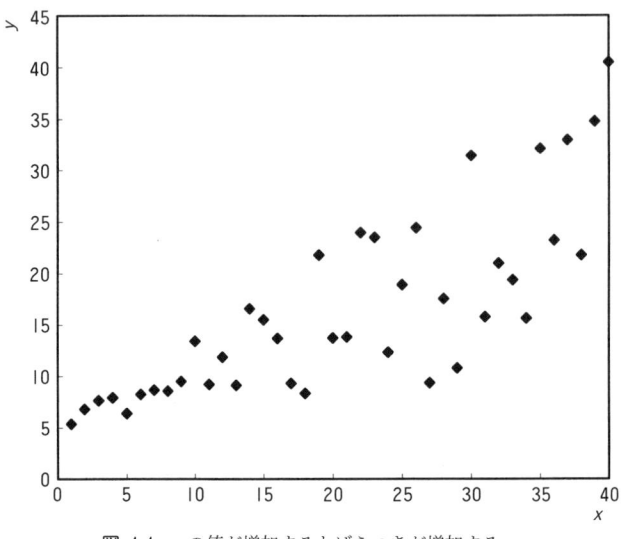

図 4.4 x の値が増加するとばらつきが増加する.

添え字は i, 観測値の数は n で表すこととします).

4.3.2 不均一分散の検出

● **回帰残差のグラフ**

分散が不均一であるかどうかを調べるには，まず，最小二乗法による回帰残差 e_i や $|e_i|$, e_i^2 をグラフに書いてみます（分散が不均一であっても回帰係数の最小二乗推定量は，不偏・一致推定量です．したがって，$u_i \approx e_i$ とみなすことができます）．この場合，x 軸には適当な説明変数やあてはめ値 $\hat{Y}_i$ の値などを用います．時系列データの場合は，(回帰モデルの説明変数に含まれていなくとも) x 軸に時間を使うことができます．分散が不均一の場合は図 4.5(a) など，均一の場合は図 4.5(b) のようになります（次頁参照）．

● **ゴールドフェルド・クォントの検定**

不均一分散性を発見するためには，いくつかの検定方法が提案されています．ここでは，これらのうち，最も広く使われているものとして，ゴールドフェルド・クォントの検定 (Goldfeld-Quant's test) について説明します．検定における帰無仮説は，「分散が均一である」こと，すなわち，

$$H_0 : \sigma_i^2 = \sigma^2, \quad i = 1, 2, ..., n \tag{4.30}$$

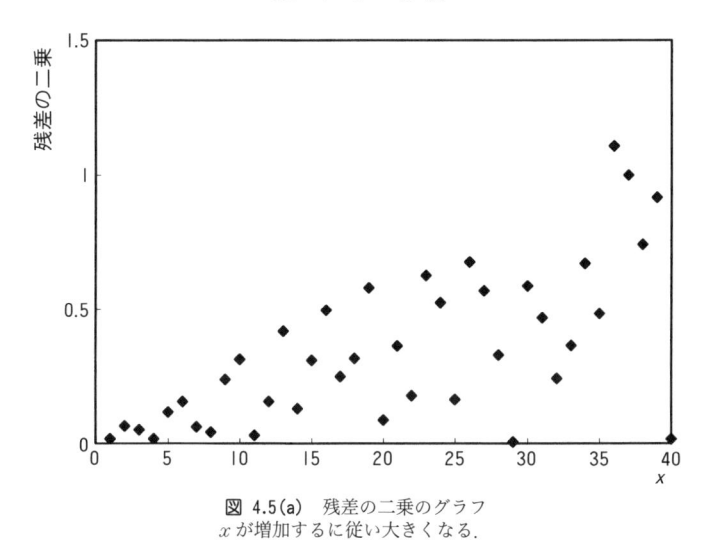

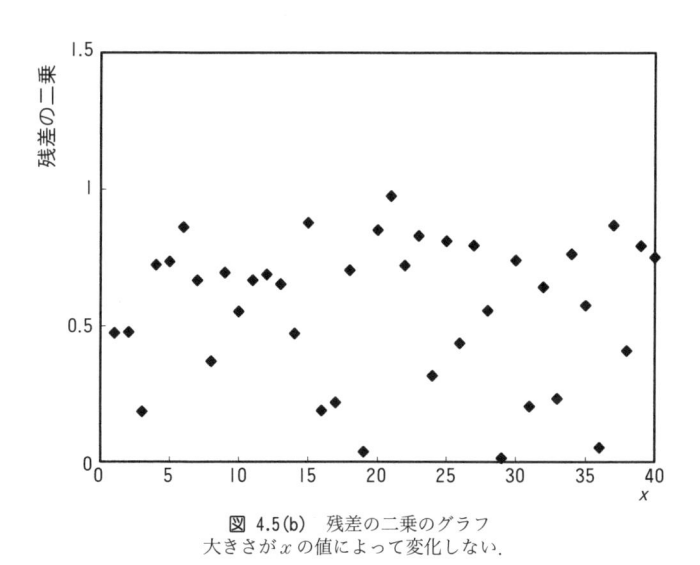

図 4.5(a)　残差の二乗のグラフ
x が増加するに従い大きくなる.

図 4.5(b)　残差の二乗のグラフ
大きさが x の値によって変化しない.

です（なお，帰無仮説は「分散が均一である」ですので「均一分散の検定」と呼ぶべきなのですが，計量経済学での慣例に従い「不均一分散の検定」とします）.

　検定は，次のような手順で行われます.

i) データを適当な説明変数, あてはめ値 $\hat{Y}_i$ の値などの大きさに基づいて, I, II, IIIの3つのグループに分ける (なお, 時系列データの場合は, たとえ説明変数に時間が含まれていなくとも, 時間によってグループ分けすることが可能です. また, $\hat{Y}_i$ に基づいてグループ分けを行った場合, 検定の結果は漸近的なものとなります). 各グループに含まれる観測値の数は, 通常, IIが m, IとIIIはともに $(n-m)/2$ となるようにする.

ii) IとIIIのグループで個別に回帰モデルの推定を行い, 標本分散 $s_I{}^2$, $s_{III}{}^2$ を求める. グループIIは使わない.

iii) 帰無仮説が正しく, 分散が均一であれば,

$$F = s_I{}^2 / s_{III}{}^2 \qquad (4.31)$$

は自由度が (ν, ν), $\nu = (n-m)/2 - k$ の F 分布 $F(\nu, \nu)$ に従い, F は1の近くの値をとるはずである. したがって, F と $F(\nu, \nu)$ の有意水準 α に対応する2つのパーセント点 $F_{1-\alpha/2}(\nu, \nu)$, $F_{\alpha/2}(\nu, \nu)$ を比較する. $F_{1-\alpha/2}(\nu, \nu) < F < F_{\alpha/2}(\nu, \nu)$ の場合, 帰無仮説を採択し分散は均一であるとする. その他の場合, 棄却し, 不均一分散であるとする. (分散の大きさが予測される場合は片側検定を行います.)

m の値ですが, 検出力 (帰無仮説が誤りの場合, これを棄却する確率) がこれに依存します. いろいろなケースがありますので厳密にいうことはできませんが, 全体の2割弱程度が適当でしょう. また, n が小さい場合などは, $m=0$ として2つのグループに分け, すべての観測値を使って検定を行うこともあります.

この他, 不均一分散の検定方法としては, ブルーシュ・ペイガンの検定 (Breuseh-Pagan test) やホワイトの検定 (White test) などがありますが, 本書のレベルや目的をこえるので省略します.

4.3.3 不均一分散の修正

分散が不均一である場合の推定について考えてみましょう. いま, 回帰モデル

$$Y_i = \beta_1 + \beta_2 X_{2i} + \cdots + \beta_k X_{ki} + u_i \qquad (4.32)$$

において, 分散が不均一であり,

$$\sigma_i{}^2 = V(u_i) = \sigma^2 z_i, \quad z > 0$$

であるとします. z_i は, 説明変数, Y_i の期待値 $E(Y_i)$, その他 (時系列分析における時間や説明変数の関数など) 分散に影響する変数とします.

(4.32)式の両辺を z_i で割り

$$Y_i^* = \beta_1 X_{1i}^* + \beta_2 X_{2i}^* + \cdots + \beta_k X_{ki}^* + u_i^* \qquad (4.33)$$

$Y_i^* = Y_i/\sqrt{z_i}$

$X_{1i}^* = 1/\sqrt{z_i}, \qquad X_{ji}^* = X_{ji}/\sqrt{z_i}, \qquad j = 2, 3, ..., k$

$u_i^* = u_i/\sqrt{z_i}$

とします.この式においては,$V(u_i^*) = V(u_i)/z_i = \sigma^2$ ですので,分散は均一となります.したがって,この式に基づいて回帰係数の推定を行えばよいことになります(この式は定数項を含まないことに注意して下さい).

ところで,(4.33)式の最小二乗法による推定は

$$S_w = \sum w_i (Y_i - \beta_1 - \beta_2 X_{2i} - \cdots - \beta_k X_{ki})^2 \qquad (4.34)$$

$w_i = 1/z_i$

を最小にすることになります.これは,$1/z_i$ を重みとした,加重最小二乗法(weighted least squares method, WLS)による推定となっています.加重最小二乗法は,不均一分散における一般化最小二乗法となっています.

$1/z_i$ は分散の逆数に比例していますので,分散が大きなところには小さな重みが,分散が小さなところには大きな重みが与えられています.TSPでは,OLSQコマンドのWEIGHTオプションで加重最小二乗法による推定を行うことができます.なお,z_i が $E(Y_i)$ の場合は $E(Y_i)$ のかわりにあてはめ値 $\hat{Y}_i$ を使って重みを求めます(ただし,この場合,推定量のいろいろな性質は漸近的にしか成り立ちません).

一般的には,分散 σ_i^2 が z_i の関数として,

$$\sigma_i^2 = \sigma^2 g(z_i), \qquad g(z_i) > 0 \qquad (4.35)$$

として与えられるとします(たとえば,$g(z_i) = z_i^2$ などがよく使われます).
(4.32)式の両辺を $\sqrt{g(z_i)}$ で割り

$$Y_i^* = \beta_1 X_{1i}^* + \beta_2 X_{2i}^* + \cdots + \beta_k X_{ki}^* + u_i^* \qquad (4.36)$$

$Y_i^* = Y_i/\sqrt{g(z_i)}$,

$X_{1i}^* = 1/\sqrt{g(z_i)}, \qquad X_{ji}^* = X_{ji}/\sqrt{g(z_i)}, \qquad j = 2, 3, ..., k$

$u_i^* = u_i/\sqrt{g(z_i)}$

とします.$V(u_i^*) = V(u_i)/g(z_i) = \sigma^2$ で均一分散となりますから,この式を最小二乗法で推定すればよいことになります.これは

$$S_w = \sum w_i \cdot (Y_i - \beta_1 - \beta_2 X_{2i} - \cdots - \beta_k X_{ki})^2 \qquad (4.37)$$
$$w_i = 1/g(z_i)$$

を最小にすることになり，$1/g(z_i)$ を重みとする，加重最小二乗法による推定となっています．

実際の推定においては，z_i や $g(z_i)$ をどのように選ぶかが問題となります．残念ながら，誤差項の系列相関における1次の自己相関のように決まった方式はありません．これらの選択は，e_t，$|e_t|$，e_t^2 などのグラフの形状や候補となる関数のあてはまりのよさなどから適当なものを選ぶことになります．

ところで，グラフなどから考察した結果，分散が z_i の線形関数であり，

$$\sigma_i^2 = g(z_i) = \alpha_1 + \alpha_2 z_i \qquad (4.38)$$

と表されたとします（σ_i^2 がただ単に z_i に比例する場合より，この方が多いと思われます）．この場合，この式が未知のパラメータ α_1，α_2 を含んでいますので，それを推定する必要が生じます．ここでは，回帰残差の二乗 e_i^2 から α_1，α_2 を推定する雨宮（Amemiya）の方法について簡単に説明します．

$$e_i^2 = \alpha_1 + \alpha_2 z_i + \nu_i \qquad (4.39)$$

としますと，詳細は省略しますが，漸近的に ν_i の分散が $2 \cdot (\alpha_1 + \alpha_2 z_i)^2$ である回帰モデルとみなすことができます．

したがって，α_1，α_2 を次の二段階の方法で推定します．

i) 最小二乗法によって (4.39) 式を推定し，一段階目の推定量 $\hat{\alpha}_1$，$\hat{\alpha}_2$ を求める．

ii) $\hat{\alpha}_1$，$\hat{\alpha}_2$ を使って重み $w_{1i} = 1/(\hat{\alpha}_1 + \hat{\alpha}_2 z_i)^2$ を計算し，$S_a = \sum w_{1i} \cdot (e_t^2 - \alpha_1 - \alpha_2 z_i)^2$ を最小にする加重最小二乗推定量を求め，二段階目の推定量 $\hat{\alpha}_1^*$，$\hat{\alpha}_2^*$ を求める．

$\hat{\alpha}_1^*$，$\hat{\alpha}_2^*$ を使って，重み $w_{2i} = 1/(\hat{\alpha}_1^* + \hat{\alpha}_2^* z_i)$ を求め加重最小二乗法によって $\beta_1, \beta_2, ..., \beta_k$ を推定することになります．

なお，多くのデータでは，説明変数や被説明変数の値が大きくなると，分散が大きくなる傾向があります．このような場合，被説明変数の対数をとって不均一分散を修正することが考えられます（多くの計量経済学の教科書では，不均一分散の修正方法としてこの方法について触れています）．しかしながら，2章で述べたように，対数をとるなどの関数変換を行うと，回帰係数の意味など，モデル自体が変わってきてしまいますので，十分注意して下さい．

4.3.4 不均一分散における最小二乗推定量

前項で述べた加重最小二乗法による誤差項の不均一分散の修正では，分散の具体的な形を求める必要があります．しかしながら，系列相関の場合と異なり，決まった標準的な方法があるわけではないので，$e_t, |e_t|, e_t^2$ などのグラフの形状や候補となる関数のあてはまりのよさなどから $g(z_i)$ を推定することになります．このため，実際の分析においては，適当な $g(z_i)$ を見つけて修正を行うのが難しい場合がしばしば起こります．

このような場合，不均一分散の修正を行わずに最小二乗推定量を使うことが考えられます．不均一分散の場合の最小二乗推定量の性質は，

- 不偏・一致推定量である．
- 最良線形不偏推定量ではなく，（少なくとも漸近的には）よりよい推定量が存在する（分散の関数形を正しく選んだ場合の加重最小二乗推定量がこれにあたります）．
- 推定量の分散・標準誤差は最小二乗法で得られた結果を使うことができない．

となります．

しかしながら，詳細は省略しますが，ホワイト（White）の方法を使うことによって，e_t^2 から最小二乗推定量の正しい分散・標準誤差を（漸近的にですが）求めることができます．TSP では，OLSQ コマンドの ROBUST オプションによって，これを計算することができます．この結果を使えば，回帰係数の t 検定などをこれまでと同様に行うことが可能となります．

4.3.5 銅消費量データを使った不均一分散の分析

● 不均一分散の検定

銅消費量データを使って，誤差項の不均一分散の分析を行ってみます．説明を簡単にするため，誤差項の系列相関の場合と同様，モデルを

$$\log(COPPER_t) = \beta_1 + \beta_2 \log(GDP_t) + u_t \tag{4.40}$$

とします．時系列データですので，添え字は t とします．また，煩雑さをさけるため，誤差項の系列相関の問題はここでは考慮しないこととします．

TSP を起動させ，
```
RESTORE 'C:\TSPEX\CUDATA2';
OLSQ LOGCU C LOGGDP;
```

と入力して下さい.まず,$\log(GDP_t)$と回帰残差の二乗e_t^2を散布図に書いてみましょう.

```
E=@RES;
E2=E**2;
GRAPH LOGGDP E2;
```

と入力して下さい.$\log(GDP_t)$をX軸,e_t^2をY軸とするグラフが現れますが,全体としては,それほどはっきりした傾向はあるとはいえないようです.

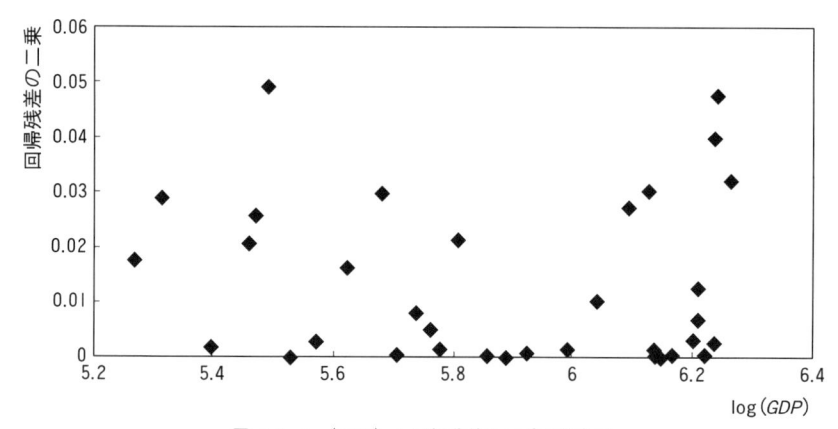

図 4.6 $\log(GDP)$と回帰残差の二乗の散布図
はっきりした傾向は認められない.

次に,ゴールドフェルド・クォントの検定を行ってみます.データをGDPによって,3つのグループに分けますが,グループⅠはGDPが320兆円以下(1970〜1982年),グループⅡはGDPが320〜450兆円(1983〜1990年),グループⅢはGDPが450兆円以上(1991〜2003年)とします.

```
SELECT GDP<=320;
```

と入力し,EXECコマンドを使いグループⅠのデータで回帰モデルを推定して下さい.$s_I^2=0.1164$となりますが,

```
SET SI2=@S2;
```

として,この値をSI2に保存しておきます.同様に,

```
SELECT GDP>=450;
```

と入力し,EXECコマンドを使いグループⅢのデータで推定を行って下さい.$s_{III}^2=0.0581$ですが,

```
SET SIII2=@S2;
SET F=SI2/SIII2;
PRINT F;
```
と入力して $F=2.004$ を計算して下さい．有意水準 α を 5% とすると，自由度は (11,11) ですので，F 分布のパーセント点は $F_{1-\alpha/2}(11,11)=0.288$，$F_{\alpha/2}(11,11)=3.473$ となります．(F 分布のパーセント点は，`CDF(F,DF1=11,DF2=11,INV)` 数値；で求めます．) $F_{1-\alpha/2}(11,11)<F<F_{\alpha/2}(11,11)$ となり，(分散が均一であるという) 帰無仮説は採択され，分散が不均一であるとはいえないことになります．

● **不均一分散の修正**

検定の結果からは不均一分散の修正を行う必要はありませんが，ここでは，演習のために不均一分散が存在するとして，加重最小二乗法と雨宮の方法を使ってその修正を行ってみます．すべてのデータが使われるように，

```
SELECT 1;
```
として下さい．ここでは，

$$\sigma_t^2 = \alpha_1 + \alpha_2 \log(GDP_t) \tag{4.41}$$

とします．

α_1, α_2 を

$$e_t^2 = \alpha_1 + \alpha_2 \log(GDP_t) + \nu_t \tag{4.42}$$

から推定しますが，

```
OLSQ E2 C LOGGDP;
```
と入力して，α_1, α_2 の第一段階の推定値，$\tilde{\alpha}_1=0.0369$, $\tilde{\alpha}_2=-0.00404$ を求めます．$\tilde{\alpha}_1$ の値は `@COEF(1)` に，$\tilde{\alpha}_2$ の値は `@COEF(2)` に保存されていますので，

```
W1= 1/((@COEF(1)+@COEF(2)*LOGGDP)**2);
```
として，重みを計算します．

```
OLSQ(WEIGHT=W1)E2 C LOGGDP;
```
として，加重最小二乗法によって，二段階目の推定値 $\tilde{\alpha}_1^*=0.0220$, $\tilde{\alpha}_2^*=-0.00150$ を求めて下さい．なお，WEIGHT オプションを加えた場合，TSP の出力では，分析方法の表示が，"Method of Estimation=Weighted Regression" となり，重みを与える変数が "Weight:W1" と表

示されます.

二段目の推定値を使って重みを計算し,加重最小二乗法による(4.40)式の推定を行いますので,

```
W2=1/(@COEF(1)+@COEF(2)*LOGGDP);
OLSQ(WEIGHT=W2)LOGCU C LOGGDP;
```

と入力して下さい.誤差項の不均一分散を修正した推定結果(カッコ内は標準誤差)は,

$$\log(COPPER_t) = 4.661 + 0.416 \cdot \log(GDP_t) \qquad (4.43)$$
$$(0.394) (0.0666)$$

となります.

最後にホワイトの方法によって,分散が不均一である場合の最小二乗推定量の分散・標準誤差を求めてみましょう.このためには,ROBUSTオプションを使いますが,

```
OLSQ(ROBUST)LOGCU C LOGGDP;
```

と入力して下さい.推定結果(カッコ内は標準誤差)は,

$$\log(COPPER_t) = 4.581 + 0.429 \cdot \log(GDP_t) \qquad (4.44)$$
$$(0.459) (0.0776)$$

となります.回帰係数の推定値は,ROBUSTオプションのない通常の最小二乗法の結果と同一ですが,標準誤差は,$0.388 \to 0.459$,$0.0659 \to 0.0776$ へと変化しています.また,TSPの出力の最後には,"Standard Errors are heteroskedastic-consistent(HCTYPE=2)"と表示され,誤差項の分散が不均一であっても最小二乗推定量の分散・標準誤差の一致推定量が求められていることを示しています.

4.4 多重共線性

4.4.1 多重共線性とは

最小二乗法で回帰モデルの検定が可能になるためには,説明変数間に完全な多重共線性(multicollinearity)がない,すなわち,どの説明変数も他の説明変数の線形関数では表されず,

$$a_1 + a_2 X_{2i} + a_3 X_{3i} + \cdots + a_k X_{ki} = 0, \qquad i = 1, 2, \ldots, n \qquad (4.45)$$

となる $a_1, a_2, \ldots, a_k$ は $a_1 = a_2 = \cdots = a_k = 0$ 以外,存在しないことが必要です.

4.4 多重共線性

もし，説明変数間に完全な多重共線性が存在する場合は，推定の途中で0で割る計算が生じ推定ができなくなります．TSPでは完全な多重共線性を発見すると警告（warning）が表示されます（なお，コンピュータは有限の桁数しか扱うことができませんから，計算ごとにごく僅かですが誤差（まるめ誤差）が生じます．このため，たとえ完全な多重共線性が存在しても，警告が表示されずに，推定値が出力されることがあります．この場合，推定値や標準誤差は，非常におかしな値となりますので，簡単に問題を発見することが可能です）．

たとえば，ある年度の家計 i の耐久消費財への支出額を被説明変数 Y_i とし，説明変数として対象年度の家計の収入 I_i，消費額 C_i，貯蓄額 S_i を選んだとします．収入は消費されるか，貯蓄されるかのいずれかとします．すると，すべての i について $I_i = C_i + S_i$ となりますので，完全な多重共線性が成り立ってしまいます．したがって，これらすべてを説明変数としたモデルを推定することは（何か回帰係数についての条件がない限り）できません．このような場合は，説明変数の選択に注意する必要があります．

ところで，完全な多重共線性は，（説明変数の選択に注意している限り）ほとんど起こりませんし，もし，起こってもその発見は比較的容易です（推定がうまくいかなかったり，推定値や標準誤差が，非常におかしな値となります）．実際の分析では，完全ではないが，説明変数間に強い線形の関係がある場合，すなわち，

$$a_1 + a_2 X_{2i} + a_3 X_{3i} + \cdots + a_k X_{ki} = \omega_i, \quad i=1, 2, ..., n \quad (4.46)$$

が成り立ち，$|\omega_i|$ の値がすべての i について（説明変数の変動などに比較して）小さい場合が問題となります．これまでは，多重共線性を厳密には定義しませんでしたが，多重共線性は説明変数間の強い線形の関係を指し，以後この意味で使います．経済データでは，同じような変動をする変数があるなど，しばしば，多重共線性の問題が起こります．

この場合，標準的な仮定は満足されていますので，モデルの推定は当然可能ですが，大きな問題が生じます．いま，説明変数を2つ含む，

$$Y_i = \beta_1 + \beta_2 X_{2i} + \beta_3 X_{3i} + u_i \quad (4.47)$$

をモデルとして考えてみましょう．X_{2i} と X_{3i} に強い相関関係があったとします（説明変数が2つの場合，変数間の相関関係と多重共線性は同一の問題となります）．X_{2i} と X_{3i} の相関係数を r_{23} とすると，詳細は省略しますが，最小二乗推定

量 $\hat{\beta}_1$, $\hat{\beta}_2$ の分散は,

$$V(\hat{\beta}_j) = \frac{\sigma^2}{(1-r_{23}^2) \cdot \sum (X_{ji} - \bar{X}_j)^2}, \qquad j=2,3 \qquad (4.48)$$

となります.したがって,相関関係が強くなり,r_{23} が ± 1 に近づくと分散は大きくなっていきます.$r_{23}=0.99$ の場合,$r_{23}=0$ の 50 倍の分散となることになります.このような場合,精度よく推定できないばかりでなく,推定値が非常に不安定となり,いくつかの観測値を加えたり除いたりしたただけで大きく値が変わってしまうことにもなります.

多数の説明変数を含む一般の重回帰モデルでも,同様に,多重共線性が存在すると推定量の分散が大きくなってしまいます.多数の説明変数を含む場合,次のようなことが起こります.

- 2 つの説明変数間に強い相関関係があれば多重共線性の問題を生じる.
- しかしながら,たとえ説明変数間に直接強い相関がなくとも(どの 2 つの説明変数をとってもその相関係数の絶対値は 1 に近い大きな値とはならない),多重共線性の問題を生じることがある.

4.4.2 多重共線性の尺度

説明変数間に多重共線性を判断する尺度を考えてみましょう.2 変数間の相関係数の絶対値が 1 に近い大きな値とはならない,だけでは不十分です.たとえば,X_{2i} と X_{3i} は平均 0 で分散 1,相関係数 0 とします.$X_{2i}+X_{3i}=X_{4i}$ という関係があったとすると,3 変数間には完全な多重共線性がありますが($X_{2i}+X_{3i}$ と X_{4i} との相関係数は 1),X_{4i} と X_{2i}, X_{3i} の相関係数は $1/\sqrt{2} \approx 0.707$ にしかなりません.

多重共線性の尺度としては,いくつかのものが提案されていますが,ここでは説明変数間の関係だけに注目します.説明変数を他の説明変数で回帰するモデルを作り,その決定係数 R^2 に基づいて考えます(通常の回帰モデルと異なり,これは因果関係や説明関係などを考慮したものではなく,多重共線性の尺度を求める機械的な方法です).ここで,j 番目の説明変数を他の説明変数で回帰したモデルを考え,その決定係数 R^2 の値を R_j^2 とすると,

$$VIF_j = \frac{1}{1-R_j^2} \qquad (4.49)$$

は,分散増幅因子(variance-inflation factor)と呼ばれています.VIF_j は,説

明変数のうちどの2つの変数をとっても相関係数が0となる「完全な無相関」（この場合は3つ以上の変数を考えても相関は生じません）の場合に比べて，分散がどの程度大きくなっているかを示しています．

R_j^2（すなわち VIF_j）は，多重共線性が問題となるかどうかを決定する重要な尺度ではありますが，唯一の要因ではありません．仮説検定のように R_j^2 の値だけによって，多重共線性が問題となるかどうかを決めることはできません．R_j^2 がある値（たとえば 0.95 や 0.99）ならば多重共線性が問題となるといったような客観的で基準はなく，参考としての尺度であることを注意して下さい．

4.4.3 多重共線性がある場合の推定と検定

説明変数間に多重共線性の問題があっても（完全な多重共線性でない限り），モデルが正しく想定されていれば，最小二乗法の標準的な仮定はすべて満足されています．したがって，2, 3章で述べた最小二乗推定量の性質はすべて成り立ち，そのままの式を使って推定や検定を行うことができます．

多重共線性は，説明変数の情報が非常に似ていること，すなわち，説明変数の個別の影響を評価するだけの情報をデータが持っていないということを意味しています．したがって，誤差項の系列相関や不均一分散の場合と異なり本質的な解決方法はありません．リッジ回帰（Ridge regression）などいくつかの方法が提案されていますが，問題点が多く，少なくとも本書の枠組みでは推奨できるものではありません．

多重共線性の問題が起こった場合は，次のような点に留意して下さい．これらは一般の回帰モデルでも重要ですが，多重共線性の問題がある場合にはとくに注意する必要があります．

- モデルに不必要な説明変数を加えていないか．すなわち，不必要な説明変数をとりのぞくことによって，多重共線性の問題を解決できないかどうかを点検する．また，変数の関数変換などが適当であるかどうかを点検する．
- さらに多くのデータを集め，観測値 n の数を増やすことによって全体の情報量を増加させる．
- 回帰係数間に経済理論や過去の経験などから得られる制約がないかどうかを調べ，制約がある場合は，その条件のもとで推定を行うことによって多重共線性の問題を解決できないかどうかを点検する．
- 多重共線性の問題点は推定量の分散・標準誤差が大きくなってしまうことで

あり，もし，多重共線性が存在しても t 検定などはそのまま使うことができる．したがって，仮説検定において目的の仮説が棄却された場合などは，多重共線性が存在しても重大な問題とはならないことになる．

● 一部の変数間のみに多重共線性の問題がある場合は，その他の回帰係数の推定量はその影響を受けない．たとえ，3つの説明変数を含むモデルで，X_{2i} と X_{3i} の間に強い相関関係があるが，X_{4i} は X_{2i}，X_{3i} と線形の強い関係がない（R_4^2，VIF_4 の値が小さい）とすると，$\hat{\beta}_4$ には多重共線性の問題は生じない．

● いくつかの回帰係数についての複数の制約式からなる仮説に対して F 検定を行う場合は，多重共線性が問題とならないケースがある．X_{2i} と X_{3i} の間に強い相関関係があったとしても，$H_0: \beta_2 = \beta_3 = 0$ を検定する場合は，X_{2i} と X_{3i} の多重共線性は，F 検定を行う上で問題とはならない．ある変数の被説明変数に対する効果を調べるのに，その変数だけでなく，二乗・三乗の項などを（高次のテーラー展開に基づき）説明変数に加えることがあるが，これらに多重共線性があることが多い．この場合，多重共線性のため個々の t 値は小さくなるが，その変数が効果があるかどうかの F 検定には問題を生じない．

4.4.4 銅消費量データを使った多重共線性の分析

銅消費量のデータを使い説明変数間の多重共線性の問題を分析してみます．TSP を起動させ，

```
RESTORE 'C:\TSPEX\CUDATA2';
```

として，TSP にデータを入力して下さい．

まず，完全な多重共線性が存在する場合，モデルの推定ができないことを確認してみましょう．3章では，1989年以前が0，それ以後が1のダミー変数 D_t を作りましたが，ここでは，逆に1989年以前が1，それ以後が0のダミー変数 D_{2t} を作ってみることにします．
`D2=1-D;` と入力することもできますが，ここでは，演習のため，新たにダミー変数を作るコマンドを使ってみます．1989年は20番目のデータですので，

```
D2=TIME<=20;
```

と入力します．モデルを

$$\log(COPPER_t) = \beta_1 + \beta_2 \log(GDP_t) + \beta_3 D_t + \beta_4 D_{2t} + u_t \quad (4.50)$$

とすると，$D_t+D_{2t}=1$ がすべての t について満足されますので，完全な多重共線性が生じます．

OLSQ LOGCU C LOGGDP D D2;

と入力すると，完全な多重共線性のため推定できない回帰係数があるという警告文 "*** WARNING:At least one coefficient in the table above could not be estimated due to singularity of the data." が現れ，D2 の推定値 (estimated coefficient)，標準誤差 (standard error)，t 値 (t-statistic) の値は "0." と表示されます．

次に，説明変数を $\log GDP_t$, $\{\log(GDP_t)\}^2$, $\{\log(GDP_t)\}^3$ としたモデル
$$\log(COPPER_t) = \beta_1 + \beta_2 \cdot \log(GDP_t) + \beta_3 \cdot \{\log(GDP_t)\}^2 \quad (4.51)$$
$$+ \beta_4 \cdot \{\log(GDP_t)\}^3 + u_t$$
を考えてみましょう．このモデルの推定結果（カッコ内は標準誤差）は，
$$\log(COPPER_t) = 195.105 - 104.434 \log(GDP_t) \quad (4.52)$$
$$(154.155) \quad (80.229)$$
$$+ 19.138\{\log(GDP_t)\}^2 - 1.158\{\log(GDP_t)\}^3$$
$$(13.898) \quad (0.801)$$

で，t 値は $t_2=-1.302, t_3=1.377, t_4=-1.446$ とその絶対値が小さくなり，5% の有意水準ではいずれも有意とはなりません．

説明変数 $\log(GDP_t)$, $\{\log(GDP_t)\}^2$, $\{\log(GDP_t)\}^3$ の間の多重共線性を分析してみましょう．まず，説明変数をその他の説明変数で回帰してみます．

OLSQ LOGGDP C LOGGDP2 LOGGDP3;
OLSQ LOGGDP2 C LOGGDP LOGGDP3;
OLSQ LOGGDP3 C LOGGDP LOGGDP2;

と入力して，R_j^2 ($j=2,3,4$) を求めて下さい．表示桁数の関係で TSP では R_j^2 はいずれも 1.000000 と表示されますが，正確にはこれらの値は 1.0 ではなく，$R_2^2=0.999999645$, $R_3^2=0.999999913$, $R_4^2=0.999999830$ ですので，非常に強い多重共線性があり，このため分散・標準誤差が非常に大きくなっていることがわかります．

なお，3 章で分析したように，すべての説明変数の係数が 0 であるという帰無仮説，$H_0: \beta_2=\beta_3=\beta_4=0$ の F 検定を考えると，$F=32.316$ で大きな値となり，

常識的な有意水準ならば,帰無仮説は棄却されます.この F 検定は多重共線性の影響を受けていません(この場合は,$\{\log(GDP_t)\}^3$ は不要な変数であり,説明変数に加えるべきではないといえます).

次に,説明変数を $\log(GDP_t)$,$\{\log(GDP_t)\}^2$ としたモデル,
$$\log(COPPER_t) = \beta_1 + \beta_2 \log(GDP_t) + \beta_3 \{\log(GDP_t)\}^2 + u_t \quad (4.53)$$
における多重共線性について考えてみます.

$\log GDP_t$ と $\{\log(GDP_t)\}^2$ の相関係数 r_{23} を

`CORR LOGGDP LOGGDP2;`

として求めて下さい(この場合は,説明変数が2つですので回帰分析を行う必要はありません.$R_2^2 = R_3^2 = r_{23}^2$ となります).$r_{23} = 0.99977$ ですので強い相関関係があるといえます.しかしながら,このモデルの推定結果(カッコ内は標準偏差)は,
$$\log(COPPER_t) = -27.515 + 11.491 \cdot \log(GDP_t) \quad (4.54)$$
$$(6.903) \quad (2.377)$$
$$-0.9503 \cdot \{\log(GDP_t)\}^2$$
$$(0.2042)$$
ですので,t 値は,$t_2 = 4.833$, $t_3 = -4.654$ です.したがって,常識的な有意水準では,$\log GDP_t$ と $\{\log(GDP_t)\}^2$ は有効な変数であることになります.すなわち,説明変数間に多重共線性は存在しますが,あまり問題とならないケースといえるでしょう.

4.5 演 習 問 題

2章の演習問題のアメリカ合衆国の銅消費量のデータを使って,本章で説明した手順に従って次の演習を行って下さい.

1. 次のモデルを使って誤差項の系列相関の検定を行って下さい.
$$\log(COPPER_t) = \beta_1 + \beta_2 \log(GDP_t) + u$$
2. 1の検定の結果にかかわらず,系列相関の修正を行って下さい.
3. 1のモデルを使い,不均一分散の検定を行って下さい.
4. 3の検定結果にかかわらず,
$$\sigma_i^2 = \alpha_1 + \alpha_2 \log(GDP_t)$$
として,雨宮の方法によって不均一分散の修正を行って下さい.

5. モデルとして,
$$\log(COPPER_t) = \beta_1 + \beta_2 \log(GDP_t) + \beta_3 \{\log(GDP_t)\}^2 + \beta_4 \{\log(GDP_t)\}^3 + u_t$$
を考え，説明変数間の多重共線性について分析して下さい．

6. モデルとして,
$$\log(COPPER_t) = \beta_1 + \beta_2 \log(GDP_t) + \beta_3 \{\log(GDP_t)\}^2 + u_t$$
を考え，説明変数間の多重共線性について分析して下さい．

5. 同時方程式モデル

5.1 説明変数が確率変数の場合の最小二乗推定量

これまで，回帰モデル，
$$Y_i = \beta_1 + \beta_2 X_i + \beta_3 X_{3i} + \cdots + \beta_k X_{ki} + u_i, \quad i=1, 2, ..., n \quad (5.1)$$
において，「説明変数 $X_{2i}, X_{3i}, ..., X_{ki}$ は確率変数でなく，すでに確定した値をとる」と仮定していました．しかしながら多くの経済データではこの仮定が満足されるとは考えられず，説明変数 $X_{2i}, X_{3i}, ..., X_{ki}$ を確率変数とみなす必要があります．

$X_{2i}, X_{3i}, ..., X_{ki}$ が確率変数である場合，最小二乗推定量（2.2節参照）については次のことが知られています．

- u_i の $X_{2i}, X_{3i}, ..., X_{ki}$ を条件とする条件つき期待値 $E(u_i | X_{2i}, X_{3i}, ..., X_{ki})$ が，$E(u_i | X_{2i}, X_{3i}, ..., X_{ki}) = 0$ を満足するならば，最小二乗推定量は，不偏・一致推定量であり，分散・標準誤差は，これまでの公式を使って求めることができる．$X_{2i}, X_{3i}, ..., X_{ki}$ と u_i が独立ならば，回帰係数の検定などは，「すでに確定した値をとる」と仮定した場合と同様に行うことができる．

- $X_{2i}, X_{3i}, ..., X_{ki}$ と u_i が無相関，すなわち，$Cov(X_{ji}, u_i) = 0$, $j=2, 3, ..., k$ ならば，最小二乗推定量の性質は，（少なくとも）漸近的に成り立つ（なお，$E(u_i | X_{2i}, X_{3i}, ..., X_{ki}) = 0$ ならば $Cov(X_{ji}, u_i) = 0$, $j=2, 3, ..., k$ ですが，逆は必ずしも成り立ちません）．

- $X_{2i}, X_{3i}, ..., X_{ki}$ と u_i の間に相関関係があり，$Cov(X_{ji}, u_i) \neq 0$ となるような説明変数 X_{ji} が存在する場合，最小二乗推定量は，不偏推定量でないばかりか一致推定量でもない．観測値の数をいくら大きくしても真の値に近づかず（確率収束せず），偏り（bias）を生じる．

このことを説明変数が X_i だけの単回帰モデル

$$Y_i = \beta_1 + \beta_2 X_i + u_i \tag{5.2}$$

における最小二乗推定量 $\hat{\beta}_2$ を使って簡単に説明してみましょう．$\hat{\beta}_2$ の公式に (5.2) 式を代入すると，

$$\hat{\beta}_2 = \beta_2 + \frac{\sum (X_i - \overline{X}) u_i}{\sum (X_i - \overline{X})^2} = \beta_2 + \frac{\sum (X_i - \overline{X}) u_i / n}{\sum (X_i - \overline{X})^2 / n} \tag{5.3}$$

となります．通常の条件では，大数の法則から，$\sum (X_i - \overline{X}) \cdot u_i / n$ は $Cov(X_i, u_i)$ に，$\sum (X_i - \overline{X})^2 / n$ は $V(X_i)$ に確率収束して，$\hat{\beta}_2$ は，

$$\beta_2 + \frac{Cov(X_i, u_i)}{V(X_i)} \tag{5.4}$$

に確率収束します．したがって，$Cov(X_i, u_i) = 0$ の場合，$\hat{\beta}_2$ は真の値 β_2 に確率収束して，一致推定量となります．しかしながら，$Cov(X_i, u_i) \neq 0$ の場合，$\hat{\beta}_2$ は β_2 には確率収束せず，$Cov(X_i, u_i) / V(X_i)$ だけの偏りをもった値に近づいていくことになり，一致推定量となりません．

このように，$X_{2i}, X_{3i}, ..., X_{ki}$ と u_i の間に相関関係があり，$Cov(X_{ji}, u_i) \neq 0$ となるような説明変数 X_{ji} が存在する場合，最小二乗法をそのまま推定に使うことはできません．本章では，このような場合の例として，応用上も重要な同時方程式モデル (simultaneous equation model) について説明します．

5.2 需要・供給関数とマクロ経済モデル

ここでは，同時方程式モデルの重要な例として，需要関数と供給関数およびマクロ経済モデルについて述べ，これらのモデルでは最小二乗法による推定ができないことを説明します．これらのモデルでは，時系列データが使われますので，変数の添え字は t を使うこととします．

5.2.1 需要関数と供給関数

t 期における，ある財（たとえばリンゴ）への需要量 Q_t がその期の価格 P_t の関数として，

$$Q_t = \alpha_1 + \alpha_2 P_t + u_t \tag{5.5}$$

で表されるとします．このように，需要量を価格などで表した式は需要関数 (demand function) と呼ばれます．一方，供給関数 (supply function) も価格 P_t の関数として，

$$Q_t = \beta_1 + \beta_2 P_t + \nu_t \tag{5.6}$$

で表されるとします．市場経済モデルでは，価格 P_t は需要量と供給量が一致する均衡水準で決定されますので，Q_t と P_t は同時に決定されることになります．このようなモデルは同時方程式モデルと呼ばれます．

(Q_t, P_t) の観測値から，(5.5) 式の需要関数を最小二乗法によって正しく推定することが可能でしょうか．(5.5) 式と (5.6) 式を連立させ P_t について解くと，

$$P_t = \frac{(\alpha_1 - \beta_1)}{(\beta_2 - \alpha_2)} + \frac{u_t - \nu_t}{(\beta_2 - \alpha_2)}$$

となりますので，u_i と ν_t が無相関であっても，

$$Cov(P_t, u_t) = \frac{\sigma_u^2}{(\beta_2 - \alpha_2)} \neq 0$$

となってしまいます．すなわち，一見何の問題もないように思えますが，最小二乗法では（たとえ観測値の数を非常に多くしても）正しく推定することができません．この場合，供給関数も同じ関数形です．もし，最小二乗法で正しく推定することが可能であるとすると，需要関数と供給関数が同じということになってしまいますので，この点からも正しく推定できないことが納得できます．

5.2.2 マクロ経済モデル

一国の経済全体を分析する場合，マクロ経済モデル (macroeconomic model) が使われています．マクロ経済モデルによって，経済成長率の予想や各種の政策・施策の影響の評価などが行われています（マクロ経済モデルの詳しい説明については，拙著『理工系のための経済学・ファイナンス理論』（東洋経済新報社，2003) などを参照して下さい）．

マクロ経済モデルの例として，最も簡単なケインズ型のモデルを考えてみましょう．Y_t を t 期における（一国全体の）所得 (income)，C_t を消費 (consumption) とします．消費は所得の関数として，

$$C_t = \beta_1 + \beta_2 Y_t + u_t \tag{5.7}$$

で与えられるとします．β_2 は収入が1円増加した場合，消費が何円増加するかを表す限界消費性向 (marginal propensity to consume) です．

ところで，経済全体を考えた場合，ある人の消費は他の人の収入となっているはずですので（簡単のため，政府や貿易などの対外要因は無視します），

$$Y_t = C_t + I_t \tag{5.8}$$

となります．I_t は投資（investment）でモデル外で決定されるとします．このモデルでは，Y_t と C_t は同時に決定されることになります．

(5.7)，(5.8) 式を Y_t について解くと，

$$Y_t = \frac{\beta_1}{1-\beta_2} + \frac{1}{1-\beta_2} I_t + \frac{u_t}{1-\beta_2} \tag{5.9}$$

となります．したがって，$\sigma^2 = V(u_t)$ とすると，

$$Cov(Y_t, u_t) = \frac{\sigma^2}{(1-\beta_2)} \neq 0$$

となり，最小二乗法によっては，(5.7) 式，すなわち，限界消費性向 β_2 を正しく推定できないことになります．

5.3 モデルが推定可能であるための条件

5.3.1 モデルの識別性

前節では，簡単な同時方程式モデルの例として，需要・供給関数や 2 つの式からなるケインズ型のモデルについて説明しましたが，実際の経済分析に使われるモデルははるかに複雑で，多数の式から成り立っています．モデルに使われている変数は 2 つの種類に分類することができます．1 つは，モデル外で決定されて誤差項と独立とみなせる変数で外生変数（exogenous variable）と呼ばれ，他の 1 つは，モデル内で決定される変数で内生変数（endogenous variable）と呼ばれます．マクロ経済分析に広く用いられている IS-LM モデルでは，所得や利子率が内生変数，政府支出や通貨供給量が外生変数とされています．

モデルが推定可能であるためには，内生変数と外生変数がある条件を満たす必要があります．いま，モデルが M 個の内生変数と K 個の外生変数を含んでいるとします．モデル内で M 個の内生変数が決定されるわけですから，モデルは全体で M 個の方程式から成り立っていることになります．このうち，j 番目の式を考えてみます．j 番目の式は，常に推定可能であるとは限りません．推定可能であるためには，その式に含まれている内生変数と外生変数がある条件を満足し，識別可能（identified, identifiable）である必要があります．

識別可能であるかどうかを決めるものとしては，オーダー条件（order condition）とランク条件（rank condition）があります．オーダー条件は，各式ごとに簡単に確かめることができます．j 番目のものについては，

$$j\text{番目の式に含まれる内生変数の数}-1 \quad (5.10)$$
$$\leq j\text{番目の式に含まれない外生変数の数}$$

を満足することです．(5.10)で等号が成り立つとき適度識別可能(just-identified)，不等号が成り立つとき過剰識別可能(over-identified)と呼ばれます．この条件式が，満足されないときは識別可能でなく(under-identified)この式の推定を行うことはできません．

なお多くのモデルで，前期や前々期の内生変数など，時間的に遅れのある内生変数が使われています．そのような変数は，ラグ付き内生変数(lagged endogenous variable)と呼ばれていますが，その値はt期までにすでに確定していますので，識別性や推定の問題については，外生変数と同様に扱います．外生変数及びラグ付き内生変数は先決変数(predetermined variable)と呼ばれます．

ランク条件は，M個の方程式からなるモデル全体を考えた条件ですが，複雑なので，本章末にまとめておきます．オーダー条件は識別可能であるための必要条件で，ランク条件は必要十分条件です．したがって，オーダー条件が満足されるにもかかわらずランク条件が満足されず，識別可能でない場合も存在します．しかしながら，実用的なモデルではオーダー条件が満足されれば識別可能である場合がほとんどです．

5.3.2 需要・供給関数による識別性の例

ここでは，モデルの識別性の問題を需要関数，供給関数の例を使って説明します．需要関数は，
$$Q_t = \alpha_1 + \alpha_2 P_t + u_t \quad (5.11)$$
供給関数は，
$$Q_t = \beta_1 + \beta_2 P_t + \nu_t \quad (5.12)$$
であるとします．需要関数に含まれる内生変数の数は2個です．このモデルには，外生変数は1つもありませんので，需要関数に含まれない外生変数の数は0です．したがって，

$$\text{含まれる内生変数の数}-1 > \text{含まれない外生変数の数}$$

となり，識別可能ではありません．また，同様に供給関数も識別可能でなく，これらを推定することはできません．このように，経済学では非常に広く使われてるモデルであっても，推定できない場合があることに注意して下さい．

供給量に降水量R_tが影響し，供給関数が
$$Q_t = \beta_1 + \beta_2 P_t + \beta_3 R_t + \nu_t \quad (5.13)$$
である場合はどうでしょうか．R_tは外生変数となります．需要関数についてみ

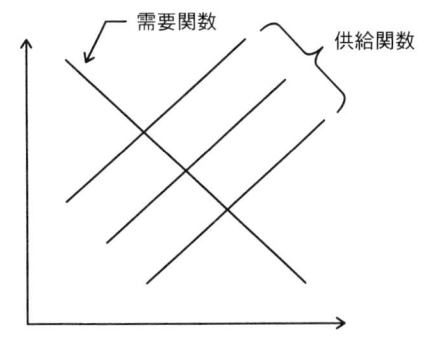

図 5.1 R_t の値がかわることによって供給関数がシフトし,2つの関数の交点が需要関数上をシフトする.

ると,内生変数は2個,含まれない外生変数は1個ですので,(適度)識別可能となり需要関数の推定を行うことができます.これは,R_t の値が変わることによって供給関数がシフトし,その結果2つの関数の交点が需要関数上を移動するためです(図5.1).なお,この場合でも供給関数は,識別可能ではありません.

需要関数に収入 W_t,供給関数に R_t の他に前期の価格 P_{t-1} が影響して,需要関数が

$$Q_t = \alpha_1 + \alpha_2 P_t + \alpha_3 W_t + u_t \tag{5.14}$$

供給関数が

$$Q_t = \beta_1 + \beta_2 P_t + \beta_3 R_t + \beta_4 P_{t-1} + v_t \tag{5.15}$$

である場合はどうでしょうか.この場合は,R_t,W_t および P_{t-1} が先決変数(外生変数とラグ付き内生変数)ですので,需要関数は(過剰)識別可能,供給関数は(適度)識別可能となります.

5.4 同時方程式モデルの推定

同時方程式モデルが識別可能である場合,それを推定することができます.推定法には,単一方程式法(single equation method)とシステム法(system method)があります.単一方程式法は個別の式ごとに推定を行うもので,その式が識別可能であれば推定を行うことができます.一方,システム法はモデル全体をシステムとして同時に推定する方法で,モデルのすべての式が識別可能である必要があります.

単一方程式法には,2段階最小二乗法(2-stage least squares method, 2SLS

と略されます）と制限情報最尤法（limited information maximum likelihood method, LIML）があります．また，システム法には，3段階最小二乗法（3-stage least squares method, 3SLS）と完全情報最尤法（full information maximum likelihood method, FIML）があります．以下これらの方法について簡単に説明します．なおこれらの方法による推定量の性質はすべて漸近的なものとなります．

5.4.1 単一方程式法
● 2段階最小二乗法（2SLS）

いま，モデルが，

$$Y_{1t} = \beta_{12}Y_{2t} + \gamma_{11} + \gamma_{12}X_{2t} + u_{1t} \tag{5.16}$$
$$Y_{2t} = \beta_{21}Y_{1t} + \gamma_{21} + \gamma_{23}X_{3t} + \gamma_{24}X_{4t} + u_{2t}$$

であり，Y_{1t}, Y_{2t} が内生変数，X_{2t}, X_{3t}, X_{4t} が外生変数（以後，ラグ付きの内生変数を含むものとします）であったとします．モデルの構造を表す式は，構造方程式（structural equation）と呼ばれています．この場合は，オーダー条件は満足され，また，ランク条件も満足されますので，識別可能となっています．

第1式の推定を考えてみましょう．$Cov(Y_{2t}, u_{1t}) \neq 0$ ですので，最小二乗法を推定に用いることはできません．そこで，Y_{2t} のあてはめ値 $\hat{Y}_{2t}$ で置きかえて推定を行います．Y_{2t} を X_{2t}, X_{3t}, X_{4t} について解くと，

$$Y_{2t} = a_{21} + a_{22}X_{2t} + a_{23}X_{3t} + a_{24}X_{4t} + v_{2t} \tag{5.17}$$

が得られます．このように，内生変数を外生変数の関数として表した式を誘導型（reduced form）と呼びます．（a と β, γ の間には関係式がありますが，単一方程式法では考慮しません．）

この式を最小二乗法によって推定し，そのあてはめ値 $\hat{Y}_{2t}$ を

$$\hat{Y}_{2t} = \hat{a}_{21} + \hat{a}_{22}X_{2t} + \hat{a}_{23}X_{3t} + \hat{a}_{24}X_{4t}$$

から求めます．次に，$\hat{Y}_{2t}$ を（5.16）の第1式の Y_{2t} に代入した

$$Y_{1t} = \beta_{12}\hat{Y}_{2t} + \gamma_{11} + \gamma_{12}X_{2t} + u_{1t}^* \tag{5.18}$$

に最小二乗法を適用して，構造方程式の推定を行います．この推定法は2段階の最小二乗法によって推定量を求めますので，2段階最小二乗法（2SLS）と呼ばれ，推定量は一致推定量となります．第2式の推定も同様です．TSPの2段階最小二乗法のコマンドでは問題ありませんが，推定量の分散・標準誤差は，最小二乗法の公式からは正しく求めることができませんので注意して下さい．

M 個の内生変数を含む一般的なモデルで第 j 式の推定は，
 i）第 j 式の右辺に含まれている内生変数をすべての外生変数で表す誘導型を考え，これを最小二乗法で推定してそのあてはめ値を求める．
 ii）第 j 式の右辺に含まれている内生変数に(i)で求めたあてはめ値を代入し，最小二乗法による構造方程式の推定を行う．
という手順で行います．

なお，内生変数のあてはめ値を求めるのに使われる外生変数やラグ付きの内生変数は，操作変数（instrumental variable）と呼ばれます．本書のレベルをこえるので詳細は省略しますが，2 段階最小二乗法は操作変数法（instrumental variable method, IV 法）と呼ばれる推定方法の1つで，かつその中で最善のもの（推定量の漸近分散が最も小さい）であることが知られています．

● **制限情報最尤法（LIML）**

制限情報最尤法（LIML）は，
- 推定しようとする式の右辺に含まれている内生変数がすべて誘導型で表され，
- かつそのパラメータや分散の制約条件を考えず，
- 誤差項が多変量正規分布に従う，

として最尤法による推定を行うものです．たとえば，(5.16) の第 1 式の推定を行う場合は，

$$Y_{1t} = \beta_{12} Y_{2t} + \gamma_{11} + \gamma_{12} X_{2t} + u_{1t} \tag{5.19}$$

$$Y_{2t} = a_{21} + a_{22} X_{2t} + a_{23} X_{3t} + a_{24} X_{4t} + \nu_{2t}$$

を組み合わせ（a と β, γ の間の関係式や分散の制約などを考慮せず），(u_{1t}, ν_{2t}) が 2 変量正規分布に従うとして推定を行うものです．制限情報最尤推定量は，2 段階最小二乗推定量と同一の漸近分散をもちます（ただし，異なった公式で計算されますので，分散・標準誤差などの実際の推定値は異なります）．

ところで，$Y_{1t}^{*} = Y_{1t} - \beta_{12} Y_{2t}$ とすると，(5.19) の第 1 式は，

$$Y_{1t}^{*} = \gamma_{11} + \gamma_{12} X_{2t} + u_{1t} \tag{5.20}$$

となります．β_{12} の値を決めると，Y_{1t}^{*} を計算することができますので，この式を最小二乗法によって推定し，その残差の平方和 $S_1 = \sum e_t^2$ を求めることができます．一方，右辺の変数に X_{3t}, X_{4t} を加えて

$$Y_{1t}^{*} = \gamma_{11} + \gamma_{12} X_{2t} + \gamma_{13} X_{3t} + \gamma_{14} X_{4t} + u_{1t} \tag{5.21}$$

とします．(5.20) と同様，β_{12} の値を決めると，最小二乗法を使って残差の平方

和 $S_2 = \sum e_t^2$ を求めることができます.S_1,S_2 は β_{12} の値によって変化しますので,その比,

$$\Lambda(\beta_{12}) = \frac{S_1}{S_2} \tag{5.22}$$

は,β_{12} の関数となります.もし,β_{12} の正しい値が選ばれたとすると,真の値は $\gamma_{13} = \gamma_{14} = 0$ ですので,2つの残差の平方和の差は小さくなるはずです.したがって,$\Lambda(\beta_{12})$ を最小にする β_{12} を推定量とすることが考えられます.この方法は,最小分散比法(least variance ratio method, LVR)と呼ばれていますが,制限情報最尤法とまったく同一の推定結果を与えます.このため,制限情報最尤法は,最小分散比法とも呼ばれています.

なお,推定しようとする式が適度識別可能な場合は,2段階最小二乗推定量と制限情報最尤推定量は同一のものとなります.

5.4.2 システム法

2段階最小二乗法などの単一方程式法では,個別に構造方程式を推定していくために,システム全体としての情報を使っていません.システム全体を考えて推定を行うと,漸近的により有効な(漸近的に分散が小さくなる)推定量を得ることができます.ここでは,3段階最小二乗法(3SLS)と完全情報最尤法(FIML)について簡単に説明します(理論的な詳細は本書のレベルをこえるので省略します).

システム法が単一方程式法よりよい(漸近的により有効な)推定量を与えるためには,システム全体の構造方程式が正しく設定されていることが必要です.システム中に間違った式があると,単一方程式法では他の式の推定には影響しませんが,システム法ではすべての式の推定が影響を受けてしまいますので注意して下さい.なお,特別な場合として,システムに含まれるすべての式が適度識別可能な場合は,2段階最小二乗推定量,制限情報最尤推定量,3段階最小二乗推定量,完全情報最尤推定量は同一のものとなります.

● 3段階最小二乗法(3SLS)

(5.16)式の推定において,2段階最小二乗法では (u_{1t}, u_{2t}) の分散・共分散を考慮しませんでしたが,分散・共分散を考慮することによって漸近的により有効な推定量を得ることができます.3段階最小二乗法は,構造方程式の誤差間の分散・共分散を考慮した推定方法で,次の手順によって推定を行います.

  i)2段階最小二乗法によってシステムに含まれる各式の推定を行い,その結果から誤差項間の分散・共分散を推定する.

ii）(i) の分散・共分散の推定結果を使って，システム全体の推定を一般化 2 段階最小二乗法によって行う．

という手順によって行います．

● **完全情報最尤法（FIML）**

完全情報最尤法では，構造法的式の誤差項が多変量正規分布に従うとして，最尤法を行います．モデルに多くの式が含まれる場合は，現在のコンピュータでも計算時間がかなりかかります．また，この方法では，繰り返し計算を行うため，間違った式が存在する場合，その影響は大きくなりますので十分注意して下さい．完全情報最尤量は，3 段階最小二乗推定量と同一の漸近分布に従います．ただし，異なった公式で計算されますので，分散・標準誤差などの実際の推定値は異なります．

5.5 外生性の検定

同時方程式モデルでは，変数を内生変数と外生変数に分けて推定を行っています．たとえば，2 段階最小二乗法では内生変数のあてはめ値を求め，それを代入して推定を行っています．これまでは，内生変数と外生変数は事前に決定されているものとしてきました．

もし，ある変数が外生変数ならば，構造方程式の誤差項とは関連がないはずです．また，すでに述べたように，構造方程式の右辺に含まれる変数がすべて誤差項とは関連がないならば，最小二乗法によって推定可能であるばかりでなく，最小二乗推定量は最適な性質を有しています．このことを使って，変数の外生性についての次のようなウー・ハウスマン（Wu-Hausman）の検定を行うことができます．なお，ここでの検定は，あくまでも変数と誤差項の関連についてのもので，変数間の因果関係を直接調べるものでないことに注意して下さい．

(5.16) の第 1 式は

$$Y_{1t} = \beta_{12} Y_{2t} + \gamma_{11} + \gamma_{12} X_{2t} + u_{1t} \tag{5.23}$$

です．もし，Y_{2t} が外生変数であるとすると，(5.23) の最小二乗推定量は最適な性質を有していますし，2 段階最小二乗推定量は Y_{2t} が外生・内生変数の場合を問わず，一致推定量となります．したがって，Y_{2t} の誘導型からそのあてはめ値，$\hat{Y}_{2t}$ を求め，

$$Y_{1t} = \beta_{12} Y_{2t} + \gamma_{11} + \gamma_{12} X_{2t} + \delta \hat{Y}_{2t} + u_{1t} \tag{5.24}$$

を考えます．これに対し，最小二乗法によって推定を行い，$H_0:\delta=0$ の t 検定を行うことによって，外生性の検定を行うことができます．帰無仮説が棄却されれば，この変数は外生変数とみなすことができないことになります．

また，
$$Y_{1t} = \beta_{12} Y_{2t} + \beta_{13} Y_{3t} + \gamma_{11} + \gamma_{12} X_{2t} + u_t \tag{5.25}$$
における（識別性の条件は当然満足されているものとします），Y_{2t} と Y_{3t} の外生性の検定は，
$$Y_{1t} = \beta_{12} Y_{2t} + \beta_{13} Y_{3t} + \gamma_{11} + \gamma_{12} X_{2t} + \delta_1 \hat{Y}_{2t} + \delta_2 \hat{Y}_{3t} + u_t \tag{5.26}$$
を考えて，$H_0:\delta_1=\delta_2=0$ を最小二乗法の F 検定によって検定することになります．

5.6 簡単な IS-LM モデルの推定

5.6.1 モデルとデータ

ここでは，マクロ経済モデルの例として，簡単な IS-LM モデルの推定を行ってみます．モデルは，
$$CONS_t = \alpha_1 + \alpha_2 Y_t + \alpha_3 r_t + u_{1t} \tag{5.27}$$
$$Y_t = CONS_t + I_t + G_t$$
$$Y_t = \beta_1 + \beta_2 M_t + \beta_3 r_t + u_{2t}$$
Y_t：所得
$CONS_t$：民間消費
I_t：投資
G_t：政府一般消費
M_t：通貨供給量
r_t：利子率

とします．内生変数は Y_t，$CONS_t$，r_t で，外生変数は I_t，G_t，M_t です．第 1 式は消費関数（consumption function），第 2 式は所得の恒等式（income identity）です．

この 2 つの式から（Y_t と r_t との関係式を求めることによって）財市場における均衡を表す IS 曲線が得られます．第 3 式は貨幣市場における均衡を表す LM 曲線です．第 1 式，第 3 式は識別可能となっており，推定可能です．

なお，ここでは，演習のため非常に簡単なモデルを考えましたが，実際の経済分析に使われ

ているモデルははるかに複雑です．また，マクロ経済モデルでは，消費は C_t で表すのが普通ですが，TSP では C は定数項用に使われており，ユーザーが変数名に割り当てることができませんので，TSP での変数名と一致させるため，$CONS_t$ で表すことにします．

表 5.1 は，1977 年から 2000 年までの日本のデータです．所得〜通貨供給の単位は兆円，通貨供給量は M 2，利子率は貸し出し金利（%/年）です．データは，世界銀行（World Bank），"World Development Indicator" からのもので，民間消費は最終消費から政府消費を除いたもの，投資は粗資本形成のデータから求めています．また，モデルとデータの整合性のため，所得は民間消費，政府消費，投資の合計から計算しましたので，GDP などとは一致していません．このデータを使って（5.27）のマクロモデルの推定を行います．

表 5.1　日本経済のマクロデータ

年	所得	民間消費	政府一般消費	投資	通貨供給量 (M2)	利子率 (%)
1977	270.4	168.5	25.1	76.8	158.0	7.56
1978	286.3	176.6	27.2	82.5	178.7	6.42
1979	303.9	186.5	29.6	87.8	193.7	6.37
1980	306.3	186.9	32.4	87.0	207.0	8.35
1981	312.3	187.9	35.4	89.0	229.2	7.86
1982	321.7	195.1	37.8	88.8	246.6	7.31
1983	327.4	200.3	40.2	86.9	263.6	7.13
1984	338.1	204.2	42.5	91.3	281.8	6.75
1985	351.1	209.3	44.7	97.1	306.8	6.6
1986	364.4	215.7	47.4	101.3	335.3	6.02
1987	383.6	224.0	49.5	110.1	372.7	5.21
1988	411.6	234.8	51.8	125.1	409.4	5.03
1989	434.8	243.9	55.0	135.9	457.6	5.29
1990	457.9	252.2	58.8	147.0	495.0	6.95
1991	470.5	257.2	62.5	150.8	507.5	7.53
1992	473.1	262.0	66.0	145.1	506.8	6.15
1993	474.7	265.7	69.0	139.9	518.2	4.41
1994	480.5	272.3	71.3	137.0	534.1	4.13
1995	490.8	275.7	74.7	140.3	548.6	3.51
1996	510.2	281.8	77.4	151.1	561.1	2.66
1997	514.6	283.1	79.2	152.3	578.4	2.45
1998	507.1	283.2	80.7	143.1	602.3	2.32
1999	511.1	288.0	82.9	140.2	622.8	2.16
2000	520.9	290.6	85.7	144.6	629.6	2.07

このデータのテキストファイルまたはExcelファイル（4.0ワークシート）をC:¥TSPEXに作成して下さい。テキストファイルを使用する場合は、JPNDAT.TXTというファイル名で保存して下さい。TSPにおける変数名は、所得をY、民間消費をCONS、投資をI、政府消費をG、通貨供給量をM、利子率をRとしますので、Excelファイルでは、変数名を入れて、

YEAR	Y	CONS	G	I	M	R
1977	270.4	168.5	25.1	76.8	158.0	0.0756
1978	286.3	176.6	27.2	82.5	178.7	0.0642
1979	303.9	186.5	29.6	87.8	193.7	0.0637
1980	306.3	186.9	32.4	87.0	207.0	0.0835
1981	312.3	187.9	35.4	89.0	229.2	0.0786
・	・	・	・	・	・	・

というファイルを作りJPNDAT.XLSという名前で保存して下さい。

5.6.2 単一方程式法による推定

ここでは、(5.27)式のモデルの推定を2段階最小二乗法（2SLS）および制限情報最尤法（LIML）を使って行ってみます。TSPを起動させ、

```
FREQ A;
SMPL 1977 2000;
```

と入力して下さい。テキストファイルでデータを保存した場合は、

```
LOAD(FILE='C:¥TSPEX¥JPNDAT.TXT')YEAR Y
CONS G I M R;
```

とし、Excelファイルで保存した場合は、

```
LOAD(FILE='C:¥TSPEX¥JPNDAT.XLS');
```

としてデータを入力して下さい。PRINTコマンドを使ってデータが正しく入力されているかどうかを確認して下さい。

まず、同時方程式モデルであることを考慮せず、(5.27)の第1式の消費関数を最小二乗法で推定してみましょう。

```
OLSQ CONS C Y R;
```

と入力して下さい。推定結果（カッコ内は標準誤差）、

5.6 簡単な IS-LM モデルの推定

$$CONS_t = 65.283 + 0.437 \cdot Y_t - 168.11 \cdot r_t \tag{5.28}$$
$$(5.524) \quad (0.00898) \quad (38.60)$$

となります。

次に、同時方程式モデルであることを考慮して、2段階最小二乗法 (2SLS) で推定を行ってみます。

`2SLS(INST=(C,I,M,G))CONS C Y R;`

と入力して下さい。2SLS は TSP での2段階最小二乗法のコマンドで、カッコ内に操作変数 (instrumental variable) として、`INST=(C,I,M,G)` と指定します。操作変数としては外生変数の `I,G,M` の他、定数項を表す `C` も指定する必要があります。また、モデルがラグ付きの内生変数を含む場合は、それも操作変数として `INST=(C,I,M,G,Y(-1))` のように指定します。

推定の結果は、表 5.2 のようになります。推定法は操作変数法 (method of estimation=instrumental variable) であり、操作変数は `C,I,M,G` (instrumental variables: C I M G) であることが示され、その後に第1式の2段階最小二乗法による推定の結果が出力されます (表 5.2)。

2段階最小二乗法は操作変数法の特別な場合で、モデルに含まれている先決変数 (外生変数とラグ付きの内生変数) を定数項を含めて指定した場合、本章で説明した2段階最小二乗法となります (E'PZ*E を除く各項目の説明は最小二乗法の場合と同一です。E'PZ*E は、詳細は省略しますが、操作変数上へ投影した後の残差の平方和となっています)。

2段階最小二乗法による第1式の推定結果 (カッコ内は標準誤差) は、

$$CONS_t = 86.577 + 0.407 \cdot Y_t - 330.35 \cdot r_t \tag{5.29}$$
$$(10.583) \quad (0.0162) \quad (77.57)$$

です。最小二乗法の結果と比較すると、所得の限界消費性向 a_2 の推定値は 0.437 と 0.407 で 0.03 程度の差ですが、利子率の影響を表す a_3 の推定値は、-168.1 と -330.4 とかなり違っています。

次に、制限情報最尤法 (LIML) での推定を行ってみましょう。今後もいくつか推定を行いますので、その度ごとに (`C,I,G,M`) の4つの変数を操作変数として指定するのは面倒なので、`LIST` コマンドを使って操作変数を `INSVAR` という名前で登録しておきましょう。

`LIST INSVAR C I G M;`

表 5.2 2段階最小二乗法による推定結果

```
                        Equation   2
                        ============
              Method of estimation = Instrumental Variable

Dependent variable: CONS
Endogenous variables: Y R
Included exogenous variables: C
Excluded exogenous variables: I M G
Current sample: 1977 to 2000
Number of observations:  24

       Mean of dep. var. = 235.229    Adjusted R-squared = .994619
    Std. dev. of dep. var. = 40.6091  Durbin-Watson = .875391 [.000,.009]
Sum of squared residuals = 187.066    F (zero slopes) = 2123.45 [.000]
    Variance of residuals = 8.90790   F (over-id. rest.) = .597510 [.448]
 Std. error of regression = 2.98461   E'PZ*E = 5.32255
                R-squared = .995087


           Estimated     Standard
Variable   Coefficient   Error      t-statistic   P-value
C          86.5772       10.5826    8.18108       [.000]
Y          .406981       .016194    25.1319       [.000]
R          -330.351      77.5688    -4.25882      [.000]
```

と入力して下さい.以後,INSVARは(C,I,G,M)の4つの変数を意味します.

   LIML(INST=INSVAR)CONS C Y R;

とすると,表5.3のような制限情報最尤法の推定結果が現れます.

まず,推定方法が制限情報最尤法であり (method of estimation=LIML),推定式の右辺の変数のうち内生変数がYとR (endogenous variables: Y R),推定する式に含まれる外生変数が定数項C (included exogenous variables: C),推定する式に含まれない外生変数がI,G,Mであること (excluded exogenous variables: I G M) が示されます.

次に,被説明変数のCONSや回帰式についての諸指標が表示されます.Lambda (variance ratio) は,(5.22)式の2つの残差の平方和の比$\Lambda(\hat{\beta}_{12})$の最小値です.

制限情報最尤法による第1式の推定結果(カッコ内は標準誤差)は,

5.6 簡単な IS-LM モデルの推定

表 5.3 制限情報最尤法による推定結果

```
                    Equation   3
                    ============

                 Method of estimation = LIML

Dependent variable: CONS
Endogenous variables: Y R
Included exogenous variables: C
Excluded exogenous variables: I G M
Current sample: 1977 to 2000
Number of observations:   24

      Mean of dep. var. = 235.229    R-squared = .994791
  Std. dev. of dep. var. = 40.6091    Adjusted R-squared = .994295
Sum of squared residuals = 198.449    Durbin-Watson = .862733 [.000,.008]
    Variance of residuals = 9.44996   F (over-id. rest.) = .568476 [.460]
Std. error of regression = 3.07408    Lambda (eigenval.) = 1.02842
                  Concentration parameter = 16.7629
Cragg-Donald F-stat for Z2 in Reduced Form = 5.58763


            Estimated     Standard
Variable    Coefficient   Error         t-statistic    P-value
C           87.9471       11.0965        7.92570       [.000]
Y            .405022        .016941     23.9080        [.000]
R          -340.819       81.4715       -4.18329       [.000]
```

$$CONS_t = 87.95 + 0.405 \cdot Y_t - 340.82 \cdot r_t \qquad (5.30)$$
$$(11.10) \quad (0.0169) \quad\ (81.47)$$

となります．2段階最小二乗法の推定結果と似たような値となっています．
(5.27) の第3式を

```
OLSQ Y C M R;
2SLS(INST=INSVAR)Y C M R;
LIML(INST=INSVAR)Y C M R;
```

として，2段階最小二乗法，制限情報最尤法で推定して下さい．次のような推定結果（カッコ内は標準誤差）が得られます．

● 最小二乗法
$$Y_t = 178.51 + 0.5545 \cdot M_t + 104.02 \cdot r_t$$
$$(14.23) \quad (0.0178) \qquad (140.24)$$

● 2 段階最小二乗法
$$Y_t = 150.03 + 0.5798 \cdot M_t + 347.62 \cdot r_t$$
$$(23.00) \quad (0.0266) \qquad (233.45)$$

● 制限情報最尤法
$$Y_t = -29.84 + 0.7788 \cdot M_t + 2265.3 \cdot r_t$$
$$(181.12) \, (0.1975) \qquad (1871.8)$$

5.6.3 システム法による推定

ここでは，3段階最小二乗法（3SLS）および完全情報最尤法によるシステム全体の推定を行ってみます．システムとしての推定を行いますので，まず，推定する構造方程式を登録します．

    FORM CONSEQ CONS C Y R;

と入力して下さい．FORMは線形の式を指定するコマンドで，式の名前，被説明変数，式の右辺の変数の順に指定します．CONSEQという名前で第1式の消費関数が登録されました．次に第2式を登録しますが，これは恒等式ですので，

    IDENT INCOMEID Y=CONS+I+G;

とします．INCOMEIDという名前で第2式の所得に関する恒等式が登録されました．最後に通貨市場における均衡を表すの第3式を登録しますが，ここでは，

    FRML MONEYEQ Y=B1+B2*M+B3*R;
    PARAM B1-B3;

として下さい．FRMLコマンドによってまずMONEYEQという名前で式を指定し，次にPARAMコマンドによってB1からB3までが推定パラメータであることを指定します．第3式がMONEYEQという名前で登録されます．なお，第3式も線形の式ですので，当然FORMを使って登録することも可能です．しかしながら，FORMは線形以外の式を指定することができませんが，FRML, PARAMコマンドを使うと線形以外にも複雑な式を指定することができますし，自由にパラメータ名を決めることができます．

5.6 簡単な IS-LM モデルの推定

式の指定が完了しましたので，3段階最小二乗法で推定を行ってみます．
3SLS(INST=INSVAR)CONSEQ,MONEYEQ；
と入力して下さい．3段階最小二乗法では恒等式の INCOMEID は使いません．推定結果が出力されます．推定方法が3段階最小二乗法であり(THREE STAGE LEAST SQUARES)，推定する方程式が CONSEQ と MONEYEQ (EQUATIONS:CONSEQ MONEYEQ)，操作変数が C,I,G,M (INSTRUMENTS:C I G M) であることが示されます．

ここではパラメータに関して線形のモデル (The model is linear in the parameters) を推定していますので，繰り返し計算の部分は重要ではありません（各段階で繰り返し計算を行うことなく1回で結果を得ることができます）．したがって，計算の途中経過の部分 (MAXIMUM NUMBER OF ITERATIONS ON V-COV MATRIX OF RESIDUALS=0 から 4FUNCTION EVALUATIONS．までの間) の詳しい説明は省略しますが，2段階最小二乗法の推定値から誤差項の分散・共分散を求めています．3段階最小二乗法ではここで求められた誤差項の分散・共分散を使ってモデルの推定を行っています．

3段階最小二乗法の推定結果は表5.4の通りです．3段階最小二乗法では，各構造方程式の誤差項の分散，共分散を考慮して推定を行っています．これらに関する情報が，Residual Covariance Matrix, Weighting Matrix, Covariance Matrix of Transformed Residuals で与えられています．E'PZ*E は誤差項の分散・共分散関係を考慮した残差の平方和です．

次に，各方程式の推定結果が出力されます．CONSEQ は FORM コマンドを使いパラメータ名を指定しませんでしたので，$\alpha_1 \sim \alpha_3$ の推定値は BCONSEQ0 ～BCONSEQ2 とされています．また，MONEYEQ は FRML, PARAM コマンドを使って具体的にパラメータ名を指定しましたので，指定通り，$\beta_1 \sim \beta_3$ の推定値は B1～B3 となっています．推定結果（カッコ内は標準誤差）は次の通りです．

$$CONS_t = 82.768 + 0.4129 \cdot Y_t - 304.90 \cdot r_t \qquad (5.31)$$
$$(9.859) \quad (0.0151) \quad\ \ (72.31)$$

$$Y_t = -157.34 + 0.5770 \cdot M_t + 325.59 \cdot r_t$$
$$(21.43) \quad (0.0248) \quad\ (217.61)$$

次に，完全情報最尤法による推定を行ってみましょう．
FIML(ENDOG=(CONS,Y,R))CONSEQ,INCOMEID, MONEYEQ；

表 5.4 3段階最小二乗法による推定結果

```
                    THREE STAGE LEAST SQUARES
                    =========================

                      Residual Covariance Matrix

              CONSEQ         MONEYEQ
CONSEQ        6.77318
MONEYEQ      -9.12980        59.26695

                         Weighting Matrix

              CONSEQ         MONEYEQ
CONSEQ        0.35819        0.18675
MONEYEQ                      0.14490

              Covariance Matrix of Transformed Residuals

              CONSEQ         MONEYEQ
CONSEQ        20.85550
MONEYEQ       -0.49876       23.67471

Number of observations = 24   E'PZ*E = 18.9395

                          Standard
Parameter     Estimate    Error         t-statistic      P-value
BCONSEQ0      82.7680     9.85890       8.39525          [.000]
BCONSEQ1      .412914     .015084       27.3740          [.000]
BCONSEQ2      -304.904    72.3141       -4.21639         [.000]
B1            157.344     21.4327       7.34133          [.000]
B2            .577025     .024770       23.2956          [.000]
B3            325.585     217.605       1.49622          [.135]

Standard Errors computed from quadratic form of analytic first derivatives
(Gauss)

Equation: CONSEQ
Dependent variable: CONS

      Mean of dep. var.   = 235.229    Std. error of regression = 2.60253
   Std. dev. of dep. var. = 40.6091    R-squared = .995748
   Sum of squared residuals = 162.556  Durbin-Watson = .906519 [.000,.012]
      Variance of residuals = 6.77318

Equation: MONEYEQ
Dependent variable: Y

      Mean of dep. var.   = 409.304    Std. error of regression = 7.69850
   Std. dev. of dep. var. = 86.3606    R-squared = .991708
   Sum of squared residuals = 1422.41  Durbin-Watson = .906626 [.000,.012]
      Variance of residuals = 59.2670
```

5.6 簡単な IS-LM モデルの推定

と入力して下さい．FIML コマンドでは，内生変数を ENDOG=(CONS, Y, R) として指定します．まず，推定方法が完全情報最尤法であり (FULL INFORMATION MAXIMUM LIKELIHOOD)，推定する方程式が CONSEQ と MONEYEQ であり，恒等式が INCOMEID であること (EQUATIONS:CONSEQ MONEYEQ,IDENTITIES:INCOMEID) が表示されます．次に，内生変数が CONS,Y,R であり (ENDOGENOUS VARIABLES:CONS Y R)，モデルがパラメータおよび変数に関して線形であること ("NOTE=>The model is linear in the parameters,NOTE=>The model is linear in the variables") が表示されます．

次に，繰り返し計算の各段階における概要が，

F=-11.703889092 FNEW=-18.462308754
ISQZ=3 STEP=4.0 CRIT=8.3118

のように，出力されますが，CONVERGENCE NOT ACHIEVED AFTER 20 ITERATIONS と繰り返し計算が20回では収束しません．Excec コマンドを使って，FIML(ENDOG=(CONS,Y,R))CONSEQ, INCOMEID,MONEYEQ; を計算が「CONVERGENCE ACHIEVED AFTER 10ITERATIONS」のように表示され，収束するまで繰り返し実行して下さい．この場合は，収束させるには後2回合計3回実行させる必要があります．収束後の結果（表5.5）が示されます．

完全情報最尤法は尤度関数がパラメータの複雑な関数となっていますので，解析的に解くことはできず，数値計算を行って推定値を求める必要があります．STARTING VALUES では，各パラメータの繰り返し計算の初期値が表示されます．この場合はすでに3段階最小二乗法による推定を行っていますので，その推定値が初期値として使われています．なお，完全情報最尤法による推定を行う場合は，まず，3段階最小二乗法による推定を行い，その後に完全情報最尤法による推定を行って下さい．繰り返し計算の初期値の関係で，直接完全情報最尤法による推定を行うと推定がうまくいかない場合があります．また，1回で収束しない場合は，FIML コマンドを連続して実行します．（前回の結果が新しい初期値となります．）

モデルの推定結果は，表5.5の通りです．誤差項の分散・共分散 (residual covariance matrix)，対数最大尤度 (log of likelihood function)，観測値の数 (number of observations)，各係数の推定値が表示されます．3段階最小二乗法の場合と同様，BCONSEQ0〜BCONSEQ2 は α_1〜α_3，B1〜B3 は β_1〜β_3 の

表 5.5 完全情報最尤法による推定結果

```
            Full Information Maximum Likelihood
            ===================================

                     Residual Covariance Matrix

              CONSEQ         MONEYEQ
CONSEQ        10.31110
MONEYEQ       -41.35832      266.32648

Number of observations = 24    Log likelihood = 19.1207
       Schwarz B.I.C. = -7.50706


                           Standard
Parameter   Estimate       Error       t-statistic    P-value
BCONSEQ0    92.9921        24.6512     3.77231        [.000]
BCONSEQ1    .397900        .032650     12.1870        [.000]
BCONSEQ     -380.066       194.647     -1.95259       [.051]
B1          54.1878        158.344     .342217        [.732]
B2          .688335        .153250     4.49158        [.000]
B3          1393.67        1617.79     .861465        [.389]

Standard Errors computed from covariance of analytic first derivatives
(BHHH)

Equation: CONSEQ
Dependent variable: CONS

       Mean of dep. var. = 235.229    Std. error of regression = 3.21109
   Std. dev. of dep. var. = 40.6091            R-squared = .993527
Sum of squared residuals = 247.466         Durbin-Watson = .817824
    Variance of residuals = 10.3111

Equation: MONEYEQ
Dependent variable: Y

       Mean of dep. var. = 409.304    Std. error of regression = 16.3195
   Std. dev. of dep. var. = 86.3606            R-squared = .963751
Sum of squared residuals = 6391.84         Durbin-Watson = .713639
    Variance of residuals = 266.326
```

推定値です．推定結果（カッコ内は標準誤差）は，

$$CONS_t = 92.99 + 0.3979 \cdot Y_t - 380.07 \cdot r_t \qquad (5.32)$$
$$(24.65)(0.0327)(194.65)$$

$$Y_t = 54.19 + 0.6883 \cdot M_t + 1393.7 \cdot r_t$$
$$(158.34)(0.1583)(1617.8)$$

となります．最後に COMSEQ と MONEYEQ の2式の諸指標が表示されます．

5.6.4 変数の外生性の検定

ここでは，ウー・ハウスマン（Wu-Hausman）の検定を使って変数の外生性の検定を行ってみます．まず，消費関数

$$CONS_t = \alpha_1 + \alpha_2 Y_t + \alpha_3 r_t + u_{1t}$$

において，Y_t，r_t の外生性の検定を行ってみます．検定は，

$$CONS_t = \alpha_1 + \alpha_2 Y_t + \alpha_3 r_t + \alpha_4 \hat{Y}_t + \alpha_5 \hat{r}_t + u_{1t} \qquad (5.33)$$

において，$H_0: \alpha_4 = \alpha_5 = 0$ の F 検定を行います．有意水準 α を 5% とします．$\hat{Y}_t$，$\hat{r}_t$ は，Y_t，r_t のあてはめ値です．（対立仮説は，「少なくともどちらか一方が 0 でない」です．）

まず，Y_t，r_t のあてはめ値 $\hat{Y}_t$，$\hat{r}_t$ を計算しますので，

```
OLSQ Y C I G M;
YFIT=@FIT;
OLSQ R C I G M;
RFIT=@FIT;
```

と入力して下さい．$H_0: \alpha_4 = \alpha_5 = 0$ の F 検定を行います．観測値の数は 24，帰無仮説の制約式の数は 2，(5.33) は 5 個のパラメータを含みますので，F 分布の自由度は (2, 19) となります．

```
OLSQ CONS C Y R;
SET S0=@SSR;
OLSQ CONS C Y R YFIT RFIT;
SET S1=@SSR;
SET F=((S0-S1)/2)/(S1/19);
PRINT F;
```

と入力して検定統計量 $F = 169.64$ を計算して下さい．

```
CDF(F,DF1=2,DF2=19,INV)0.05;
```

として，$F(2, 19)$ のパーセント点 $F_\alpha(2, 19) = 3.522$ を求めます．$F > F_\alpha(2, 19)$ ですので，帰無仮説は棄却され，最小二乗法によって消費関数を推定してはいけないことになります．

次に，

$$Y_t = \beta_1 + \beta_2 M_t + \beta_3 r_t + u_{2t}$$

おける r_t の外生性の検定を行ってみましょう．この場合は，

$$Y_t = \beta_1 + \beta_2 M_t + \beta_3 r_t + \beta_4 \hat{r}_t + u_{2t} \tag{5.34}$$

において，$H_0: \beta_4 = 0$，$H_1: \beta_4 \neq 0$ の t 検定を行います．有意水準 α は 5% とします．t 分布の自由度は $24 - 4 = 20$ ですので，

```
OLSQ Y C M R RFIT;
CDF(T,DF=20,INV)0.05;
```

と入力し検定を行います．$|t_4| = 1.499 < t_{\alpha/2}(20) = 2.086$ ですので，帰無仮説は棄却されず，この式では，r_t は内生変数として扱う必要はなく，最小二乗法で推定できることになります．

5.7 識別可能性とランク条件

オーダー条件 (order condition) が満足されても，モデル全体を考えるとランク条件 (rank condition) が満足されず，モデルが識別可能でない場合がまれにあります．ここでは，ランク条件について簡単に説明します．なお，ここでの内容は行列の知識を必要とするためやや高度なものとなっています．本書のレベルでは，オーダー条件を満足しても，モデル全体を考えると，識別可能でない場合があることだけが分かれば十分です．ランク条件を説明した5.7.2項の内容の詳細は理解できなくても結構です．

5.7.1 オーダー条件は満足するが識別可能でないモデル

Y_{1t}，Y_{2t}，Y_{3t} を内生変数，X_{2t}，X_{3t} を外生変数とする次のモデルを考えてみましょう．

$$\begin{aligned} Y_{1t} + \beta_{12} Y_{2t} + \beta_{13} Y_{3t} + \gamma_{11} &= u_{1t} \\ Y_{2t} + \beta_{23} Y_{3t} + \gamma_{21} &= u_{2t} \\ \beta_{31} Y_{1t} + \beta_{32} Y_{2t} + Y_{3t} + \gamma_{31} + \gamma_{32} X_{2t} + \gamma_{33} X_{3t} &= u_{3t} \end{aligned} \tag{5.35}$$

説明を簡単にするため，すべての変数を左辺に移動させた式でモデルを表します．いま，第1式について考えると，(含まれている内生変数の数) = 3，(含まれ

5.7 識別可能性とランク条件

ていない外生変数の数)=2ですので,(含まれている内生変数の数)-1=(含まれていない外生変数の数)となります.オーダー条件は満足され,第1式は識別可能であるようにみえます.

では,第1式の2段階最小二乗法での推定を考えてみましょう.すでに述べたように,内生変数の誘導型からあてはめ値 $\hat{Y}_{2t}$, $\hat{Y}_{3t}$ を求め,それを第1式に代入して,最小二乗法による推定を行いますが,この方法で推定が可能でしょうか.計算が複雑になるので詳細は省略しますが,このモデルで誘導型からパラメータ間の制約条件を考慮して $\hat{Y}_{2t}$, $\hat{Y}_{3t}$ を求めると,

$$\hat{Y}_{2t} = b_1 + b_2 \hat{Y}_{3t} \tag{5.36}$$

となってしまい,完全な多重共線性が起こり,2段階目で最小二乗法による推定を行うことはできなくなってしまいます(もちろん,他の推定方法でも推定を行うことはできません).すなわち,第1式はオーダー条件を満足するが識別可能でなく,推定することはできません.

5.7.2 ランク条件

ランク条件は,識別可能であるための必要十分条件であり,この条件が満足されない場合,推定を行うことはできません.(パラメータ間の制約条件を考慮した)2段階最小二乗法で推定が不可能である場合は,他のどの方法でも推定が不可能であり,識別性の問題と2段階最小二乗法で推定可能であるかどうかは同一の問題です.そこで,以下,2段階最小二乗法を使ってランク条件を簡単に説明します.一般に,同時方程式モデルにおいては,誘導型の推定は(識別可能でなくとも)可能です.しかしながら,構造方程式の内生変数にそのあてはめ値を代入した式の推定は,完全な多重共線性のため可能とは限りません.

モデルの k 番目の構造方程式は,内生変数と(外生変数とラグ付きの内生変数からなる)先決関数によって,

$$Y_{kt} = (Y_{kt} 以外の内生変数の線形関数) + (先決関数の線形関数) + 誤差項$$

と表されます.誘導型から求められる内生関数のあてはめ値は,先決関数の線形関数です.モデルの k 番目の式に含まれる内生変数の数を M_k,その式に含まれない先決関数の数を J_k とします.M_k-1 が J_k と等しいか J_k より小さいこと,すなわち,$M_k-1 \leq J_k$ が2段階目の推定で完全な多重共線性が起こらないための必要条件となります.これがオーダー条件です.

ところで,オーダー条件が満足されても,多重共線性のため,2段階目の推定

が不可能となる場合があります．線形代数の基礎的な知識を使えば，多重共線性の問題が起こらないための条件は，次のようになります．まず，k番目の式に現れるY_k以外のM_k-1個の内生変数の誘導型を求めます．k番目の式に含まれないJ_k個の先決変数の誘導型の係数から$(M_k-1)\times J_k$の行列をつくります．すると，その行列のランク（階級，rank）がM_k-1であることが推定可能であるための必要十分条件となります．この条件は，ランク条件または階級条件と呼ばれています．行列のランク≤min（行の数，列の数）ですので，オーダー条件は，ランク条件を満足するための必要条件となっています．(5.35)の第1式は，オーダー条件を満足してもランク条件が満足されない例となっています．

誘導型からランク条件を調べることは面倒ですので，数学的に同等である次の方法が一般的には用いられます．まず，Mをモデルに現れるすべての内生変数の数（モデルの構造方程式の数と同じです）とします．k番目の式に含まれない内生変数・先決変数のk番目の式以外の式の係数から$(M-1)\times(M-M_k+J_k)$の行列を作ります．この行列のランクが$M-1$となることが，k番目の式が識別可能であるための必要十分条件であるランク条件となっています．

(5.35)の第1式に含まれていない変数はX_{2t}, X_{3t}ですので，この行列は，

$$\begin{bmatrix} 0 & 0 \\ \gamma_{32} & \gamma_{33} \end{bmatrix}$$

となり，ランクは1ですので，ランク条件は満足されず，この式は識別可能でないことになります．（第2式にX_{2t}またはX_{3t}が含まれていれば，ランク条件は満足され識別可能です．）また，(5.35)の第2式についてみると，含まれていない変数は，Y_{1t}, X_{2t}, X_{3t}ですので，行列は，

$$\begin{bmatrix} 1 & 0 & 0 \\ \beta_{31} & \gamma_{32} & \gamma_{33} \end{bmatrix}$$

となり，ランクは2ですので，ランク条件は満足され識別可能となっています．

なお，TSPでは，操作変数（instrumental variable）を指定する，2SLS, LIML, 3SLSの3つの推定方法では，誘導型の係数間の関係のチェックは行っていませんので，オーダー条件が満足されれば，ランク条件が満足されなくても推定結果が与えられます．しかしながら，FIMLでは，すべての係数間の関係が考慮されますので，ランク条件が満足されない場合は，計算が途中で止まるか，計算が終了してもおかしな推定結果が出力されることになります．したがって，このような場合はランク条件が満足されているかどうかを確認して下さい．

5.8 演習問題

表 5.6 は，アメリカ合衆国の 1977 年から 2000 年までの経済データです．所得～通貨供給量の単位は十億ドル，通貨供給量は M2，利子率は貸し出し金利です．また，日本のデータの場合と同様，モデルとデータの整合性のため，所得は民間消費，政府消費，投資の合計から計算しましたので，GDP などとは一致していません．データは，世界銀行（World Bank）のデータ（World Development Indicator）からのものです．これを使って，IS-LM モデル

$$CONS_t = \alpha_1 + \alpha_2 Y_t + \alpha_3 r_t + u_{1t}$$
$$Y_t = CONS_t + I_t + G_t$$
$$Y_t = \beta_1 + \beta_2 M_t + \beta_3 r_t + u_{2t}$$

Y_t：所得，$CONS_t$：民間消費，I_t：投資
G_t：政府一般消費，M_t：通貨供給量
r_t：利子率

の推定を
1. 最小二乗法
2. 2 段階最小二乗法（2SLS）
3. 制限情報最尤法（LIML）
4. 3 段階最小二乗法（3SLS）
5. 完全情報最尤法（FIML）

を使って行い，その結果を比較して下さい．

また，変数の外生性の検定を行って下さい．

表 5.6 アメリカ合衆国のマクロデータ

年	所得	民間消費	政府 一般消費	投資	通貨供給量 (M2)	利子率 (%)
1977	2,035	1,278	344	413	1,323	6.82
1978	2,301	1,430	374	497	1,433	9.06
1979	2,568	1,596	413	559	1,566	12.67
1980	2,786	1,763	466	557	1,703	15.27
1981	3,119	1,944	520	655	1,886	18.87
1982	3,249	2,079	571	599	2,096	14.86
1983	3,553	2,286	616	652	2,313	10.79
1984	3,998	2,498	672	828	2,567	12.04
1985	4,289	2,713	734	843	2,801	9.93
1986	4,544	2,895	783	866	3,098	8.33
1987	4,841	3,105	834	901	3,194	8.20
1988	5,168	3,357	871	941	3,395	9.32
1989	5,520	3,597	915	1,009	3,591	10.87
1990	5,822	3,832	979	1,012	3,767	10.01
1991	5,951	3,971	1,022	958	3,890	8.46
1992	6,289	4,210	1,050	1,029	3,955	6.25
1993	6,642	4,455	1,066	1,121	4,014	6.00
1994	7,080	4,716	1,094	1,270	4,015	7.14
1995	7,422	4,969	1,124	1,330	4,242	8.83
1996	7,840	5,238	1,163	1,439	4,501	8.27
1997	8,346	5,529	1,208	1,608	4,797	8.44
1998	8,872	5,856	1,248	1,768	5,281	8.35
1999	9,457	6,250	1,317	1,890	5,712	7.99
2000	10,174	6,728	1,412	2,033	6,109	9.23

6. ARIMA モデルによる時系列データの分析

　図 6.1 は 2002 年 1 月から 2004 年 12 月までの日本の利子率（短期貸し出し金利）の推移です．このような時系列データの分析には，ARIMA モデル（autoregressive integrated moving average model，自己回帰和分移動平均モデル）が広く使われています．この分析方法は，提唱者の名からボックス・ジェンキンズの予測法（Box-Jenkins forecasting method）とも呼ばれています．ARIMA モデルを使った分析方法は，前章で説明したような複雑な経済モデルを考えず，対象とする変数のデータのみを使い，分析が簡単に行えるという長所があります．ここでは，ARIMA モデルによる時系列データの分析について説明します．

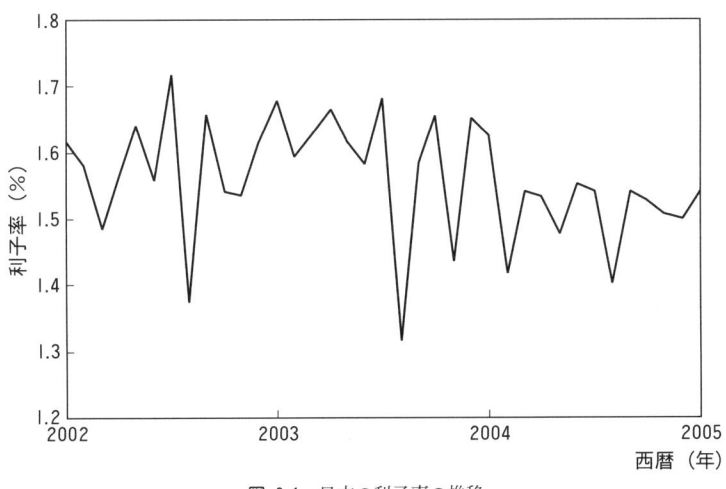

図 6.1　日本の利子率の推移

6.1 自己回帰（AR）モデル

6.1.1 ARモデルと定常確率過程

時系列データにおいて，ある構造をもった変数の列のことを確率過程（stochastic process）と呼びます．いま，分析対象とする変数 Y_t が

$$Y_t = \alpha + \phi Y_{t-1} + u_t \qquad (6.1)$$

というモデル（確率過程モデル）を満足しているとします．いままでの回帰モデルと異なるのは，右辺の変数がその1期前の値 Y_{t-1} であることです．このようなモデルを自己回帰（autoregressive, ARと略されます）モデルと呼びます．(6.1)式は Y_{t-1} のみを右辺に含んでいますので，1次自己回帰（first-order autoregressive）モデルと呼ばれ，AR(1)と表されます．

本章では定常確率過程（stationary stochastic process）のみを考えますので，簡単に定常確率過程について説明します．定常確率過程（以後，定常過程と略します）とは，

- すべての t に対してその期待値は一定で $E(Y_t) = \mu$．
- 異なった2時点の共分散がその時間差のみの関数となる，すなわち，$Cov(Y_t, Y_{t-s})$ が t に依存せず s のみの関数となる．$Cov(Y_t, Y_{t-s})$ は自己共分散（autocovariance）と呼ばれる．

を満足する確率過程です．（正確には，これは弱定常過程（weakly stationary process）と呼ばれます．さらに強いものとして，「任意の時点の（1個の変数だけでなく確率変数の列を考えた）確率分布が s だけ移動した時点の確率分布と等しい」という強定常過程（strongly stationary process）があります．当然，強定常過程は弱定常過程ですが，以下の論議には弱定常過程の条件で十分です．）

なお，以後の説明を簡単するために，Y_t の期待値 μ は 0 であるとします（$\mu \neq 0$ の場合は，Y_t からその期待値を引いた $Y_t - \mu$ を考えるものとします）．

6.1.2 1次の自己回帰（AR(1)）モデル

1次の自己回帰（AR(1)）モデルが，定常過程であるためには，

$$|\phi| < 1$$

が必要ですので，この条件が満足されているものとします．また，誤差項 u_t は互いに独立で，同一の分布に従い，

$$E(u_t) = 0, \qquad V(u_t) = \sigma^2$$

6.1 自己回帰（AR）モデル

であるとします。$\mu=0$ としましたので，(6.1) 式は，

$$Y_t = \phi Y_{t-1} + u_t \tag{6.2}$$

となります。

AR(1) モデルの Y_t の分散および自己共分散を求めてみます。$Y_{t-1}, Y_{t-2}, \cdots$ についても (6.2) 式の関係が成り立ちますので，これを代入していくと，

$$Y_t = \phi(\phi Y_{t-2} + u_{t-1}) + u_t = u_t + \phi u_{t-1} + \phi^2 Y_{t-2} \tag{6.3}$$

$$= u_t + \phi u_{t-1} + \phi^2 u_{t-2} + \cdots = \sum_{s=0}^{\infty} \phi^s u_{t-s}$$

となります。$|\phi|<1$，$V(u_t)=E(u_t^2)=\sigma^2$，$Cov(u_t, u_\tau)=0$，$t \neq \tau$ ですので，簡単な級数の和の公式から，分散は，

$$V(Y_t) = \sum_{s=0}^{\infty} \phi^{2s} V(u_{t-s}) = \sigma^2 \sum_{s=0}^{\infty} \phi^{2s} = \sigma^2/(1-\phi^2) \tag{6.4}$$

となります。

また，(6.2) 式の両辺に Y_{t-s}，$s \geq 1$ を掛けると

$$Y_t Y_{t-s} = \phi \cdot Y_{t-1} Y_{t-s} + u_t Y_{t-s} \tag{6.5}$$

です。自己共分散を $\sigma(s) = Cov(Y_t, Y_{t-s})$ とし，(6.5) 式の期待値をとると，$E(u_t \cdot Y_{t-s}) = 0$ ですので，

$$\sigma(s) = \phi \sigma(s-1) \tag{6.6}$$

が得られます。

$\sigma(0) = V(Y_t)$ ですので，自己共分散 $\sigma(s)$ は分散を含めて

$$\sigma(s) = \phi^s \sigma(0), \quad s \geq 0 \tag{6.7}$$

となります。$\sigma(s)$ は s の関数ですので，自己共分散関数（autocovariance function）とも呼ばれます。

また，Y_t と Y_{t-s} の自己相関係数（autocorrelation coefficient）$\rho(s)$ は，

$$\rho(s) = \frac{Cov(Y_t, Y_{t-s})}{\sqrt{V(Y_t) V(Y_{t-s})}} = \frac{\sigma(s)}{\sigma(0)} \tag{6.8}$$

$$= \phi^s, \quad s \geq 0$$

となります。自己共分散の場合と同様，$\rho(s)$ は s の関数として，自己相関関数（autocorrelation function）とも呼ばれます。自己相関係数は時間差 s が大きくなるに従って 0 へ近づいていきます。このことは，時間が十分離れた時点の影響は小さく，無視できることを意味しています。$\rho(s)$ は $\phi>0$ と $\phi<0$ の場合でその形が大きく異なっています。

6.1.3 p 次の自己回帰モデル

Y_t が

$$Y_t = \phi_1 Y_{t-1} + \phi_2 Y_{t-2} + u_t \tag{6.9}$$

という確率過程モデルを満足するとします.1次の自己回帰モデルの場合と同様,誤差項 u_t は互いに独立で,同一の分布に従い,期待値 0,分散 σ^2 であるとします.Y_t はその2期前までの値に依存していますので,2次の自己回帰モデル (second order autoregressive model, AR(2)) と呼ばれています.

AR(2) が定常過程であるためには,その係数 ϕ_1, ϕ_2 がある条件を満足する必要があります.(6.9)式を変形すると,

$$Y_t - \phi_1 Y_{t-1} - \phi_2 Y_{t-2} = u_t \tag{6.10}$$

となります.これに対応する2次の方程式

$$1 - \phi_1 \lambda - \phi_2 \lambda^2 = 0 \tag{6.11}$$

を考え,その2つの根,λ_1, λ_2 の絶対値が1より大きい,すなわち,$|\lambda_1|$, $|\lambda_2| > 1$ であることが定常過程であるための条件となります.AR(2)では,AR(1)では表すことのできない,ビジネス・サイクルのような複雑な動きを表すことが可能となっています(根は虚根であってもかまいません.ビジネス・サイクルのような複雑な動きを表すためには,虚根である必要があります).

AR(2) の自己相関関数 $\rho(s)$ は,次のように求めることができます.まず,(6.9)式に Y_{t-s}, $s \geq 1$ を掛け,期待値をとると,自己共分散関数 $\sigma(s)$ に関して

$$\sigma(1) = \phi_1 \sigma(0) + \phi_2 \sigma(1) \tag{6.12}$$

$$\sigma(s) = \phi_1 \sigma(s-1) + \phi_2 \sigma(s-2), \quad s \geq 2$$

という関係式が得られます.分散 $\sigma(0)$ で割ると,

$$\rho(1) = \phi_1 / (1 - \phi_2) \tag{6.13}$$

$$\rho(s) = \phi_1 \rho(s-1) + \phi_2 \rho(s-2), \quad s \geq 2$$

となりますので,この式から $\rho(s)$ を求めることができます.(このような式はユール・ウォーカー方程式 (Yule-Walker equation) と呼ばれています.)

さらに,自己相関モデルを一般化して,

$$Y_t = \phi_1 Y_{t-1} + \phi_2 Y_{t-2} + \cdots + \phi_p Y_{t-p} + u_t \tag{6.14}$$

としたものが,p 次の自己回帰モデル (p-th order autoregressive model, AR(p)) です.p 次の自己回帰モデルが定常過程であるためには,p 次の方程式

$$1 - \phi_1 \lambda - \phi_2 \lambda^2 - \cdots - \phi_{p-1} \lambda^{p-1} - \phi_p \lambda^p = 0 \tag{6.15}$$

のすべての根（虚根であってもかまいません）の絶対値が1より大きいことが必要です．TSP では，定常過程であるかどうかがチェックされ，定常過程の条件が満足されない場合，"**NOTE:The estimated model is non-stationary"という注意文が表示され，$p \geq 2$ では根の値が表示されます．また，自己相関関数 $\rho(s)$ は，(6.15)式に Y_{t-s}, $s \geq 1$ を掛けてその期待値をとることによって得られる式（ユール・ウォーカー方程式）から求めることができます．

6.2 移動平均（MA）モデル

6.2.1 移動平均モデルとは

Y_t が過去の誤差項の関数として

$$Y_t = u_t + \theta u_{t-1} \tag{6.16}$$

であるとします．自己回帰モデルの場合と同様，u_t は互いに独立で，同一の分布に従い，期待値 0，分散 σ^2 であるとします．このモデルは1次の移動平均モデル（first-order moving average model）と呼ばれ，MA(1) と表されます．

MA(1) においては，Y_t の分散と自己相関係数 $\rho(s)$ は，

$$V(Y_t) = (1+\theta^2)\sigma^2, \quad \rho(1) = \theta/(1+\theta^2), \quad \rho(s) = 0, \quad s \geq 2 \tag{6.17}$$

となります．2期以上離れた時点での自己相関係数は0となり，ある時点での影響は1期しか持続しないことになります．

MA(1) を一般化した

$$Y_t = u_t + \theta_1 u_{t-1} + \theta_2 u_{t-2} + \cdots + \theta_q u_{t-q} \tag{6.18}$$

を q 次の移動平均モデル（q-th order moving average model, MA(q)）と呼びます．この場合，自己相関係数 $\rho(s)$ は，

$$\rho(s) = 0, \quad s > q \tag{6.19}$$

で，$q+1$ 期以上離れた時点での自己相関係数は0となり，ある時点での影響は q 期までしか持続しないことになります．なお，q 次の移動平均モデル MA(q) は（q が有限である限り）常に定常過程となっています．

(6.3)式で示したように，定常性の条件を満足する1次の自己回帰モデル AR(1) では，

$$Y_t = \sum_{s=0}^{\infty} \phi^s u_{t-s}$$

と，無限次の移動平均モデル MA(∞) で表すことができました．一般に，定常過程である p 次の自己回帰モデル AR(p) は，MA(∞) で表すことができ，これを移動平均表現 (moving average representation) と呼びます．

6.2.2 移動平均モデルの反転可能性と偏自己相関関数

前項で述べたように，定常過程である p 次の自己回帰モデル AR(p) は，無限次の移動平均モデル MA(∞) で表すことができます．q 次の移動平均モデル MA(q) は，それに対応する q 次元の多項式

$$1+\theta_1\omega+\theta_2\omega^2+\cdots+\theta_{q-1}\omega^{q-1}+\theta_q\omega^q=0 \tag{6.20}$$

のすべての根の絶対値が 1 より大きい場合，逆に，無限次の自己回帰モデル AR(∞) を使い，

$$Y_t=\sum_{s=1}^{\infty}\phi_s Y_{t-s}+u_t \tag{6.21}$$

と表すことができます．この場合を反転可能 (invertible) であるといいます．TSPでは，反転可能であるかどうかがチェックされ，反転可能でない場合，"***NOTE:The estimated model is non-invertible."という注意文が表示されます．また，$q \geq 2$ ではその根の値が表示されます（なお，反転可能であるかどうかは定常性には影響しません．MA(q) は常に定常過程です）．

ところで，

$$Y_t=u_t+\phi_1 Y_{t-1}+\phi_2 Y_{t-2}+\cdots+\phi_s Y_{t-s} \tag{6.22}$$

という AR モデルを考えてみましょう．もし，真のモデルが AR(p) ならば，$s>p$ では ϕ_s は 0 となるはずです．また，真のモデルが反転可能な MA(q) ならば，有限の s に対しては，ϕ_s は（次第に小さくなっていきますが）0 とはなりません．ϕ_s は s の関数とみなせますので，偏自己相関関数 (partial autocorrelation function) と呼ばれます．

自己相関関数，偏自己相関関数は，Y_t がどのようなモデルに従うのかを判断する重要な手がかりになります．自己相関関数が（減衰はするが）0 にならず，偏自己相関関数がある値以上は 0 となる場合は，AR モデルと考えられます．また，逆に偏自己相関関数が 0 にならず，自己相関関数がある値以上は 0 となる場合は，MA モデルと考えられます（両方とも 0 とならない場合は，次に説明する ARMA モデルであると考えられます）．

6.3 ARMAモデルとARIMAモデル

6.3.1 自己回帰移動平均（ARMA）モデル

Y_t が AR モデルと MA モデルの組み合わせで

$$Y_t = \phi_1 Y_{t-1} + \phi_2 Y_{t-2} + \cdots + \phi_p Y_{t-p} \qquad (6.23)$$
$$+ u_t + \theta_1 u_{t-1} + \theta_2 u_{t-2} + \cdots + \theta_{t-q} u_{t-q}$$
$$= \sum_{s=1}^{p} \phi_s \cdot Y_{t-s} + \sum_{s=0}^{q} \theta_s \cdot u_{t-s}$$

であるとします（$\theta_0=1$ とします）．このようなモデルを，自己回帰移動平均モデル（autoregressive moving average model）と呼び，ARMA(p, q) で表します．

ARMA(p, q) が定常過程であるためには，AR 部分が定常過程の条件を満たすことが必要です．すなわち，

$$1 - \phi_1 \lambda - \phi_2 \lambda^2 - \cdots - \phi_{p-1} \lambda^{p-1} - \phi_p \lambda^p = 0 \qquad (6.24)$$

のすべての根の絶対値が1より大きいことが条件となります．MA 部分は定常性には影響しません．また，ARMA(p, q) では自己相関係数，偏自己相関係数とも（減衰はしていきますが）0とはなりません．

6.3.2 ARIMAモデル

いままでは，定常過程を考えてきましたが，多くの経済時系列データは定常過程ではありません．たとえば，データに線形のトレンドがあり，

$$Y_t = \beta t + \phi Y_{t-1} + u_t, \qquad |\phi| < 1 \qquad (6.25)$$

であるとします．このモデルは，定常過程の条件を満足しませんので，いままでの手法をそのまま使うことはできません．このような場合，1次の階差をとった

$$\Delta Y_{t-1} = Y_t - Y_{t-1} \qquad (6.26)$$

を考えると，

$$\Delta Y_t = \beta + \phi \Delta Y_{t-1} + u_t - u_{t-1} \qquad (6.27)$$

となり，定常過程の ARMA モデルを得ることができます．このように，階差をとると ARMA モデルが得られるモデルを自己回帰和分移動平均（autoregressive integrated moving average, ARIMA）モデルとよびます．

t^2 のオーダーのトレンドがあり，Y_t が

$$Y_t = \beta t^2 + \phi Y_{t-1} + u_t, \qquad |\phi| < 1 \qquad (6.28)$$

であるとします.この場合は,1次の階差をとっただけでは,定常過程となりません.この場合は,2次の階差

$$\Delta^2 Y_t = \Delta Y_t - \Delta Y_{t-1} \qquad (6.29)$$

をとると,定常過程の ARMA モデルを得ることができます.一般には,定常過程の ARMA モデルを得るために d 次の階差をとることがありますが,これをARIMA(p, d, q) と表します.p は AR 部分の次数,d は階差の次数,q は MA 部分の次数です.

6.4 ARIMA モデルの推定

ARIMA(p, d, q) を使ってデータ分析を行うには,次数 (p, d, q) を決定し,その係数を観測された時系列データの系列 $Y_1, Y_2, ..., Y_T$ から推定する必要があります.ここでは,その方法について簡単に説明します.

6.4.1 次数の決定

ARIMA(p, d, q) では,まず,階差の次数 d の値を決定します.これには,定常過程となるために必要な階差の次数を求めます.このためには,

- $Y_t, \Delta Y_t, \Delta^2 Y_t \cdots$ などをグラフに書き,トレンドがあるかどうかなどを,そのグラフの形状から判断する.
- AR 部分の係数の推定結果から,モデルが定常性の条件を満足するどうかを確認する.定常性の条件を満足しない場合は,階差の次数を1次増やして推定を再度行う.推定結果が定常性の条件を満足するまでこれを続ける(なお,これは単位根(unit root)検定問題と関連しますが,詳細は,森棟公夫著「計量経済学」東洋経済新報社,1999 などを参照して下さい).

などの操作を行います.

次に,決められた階差 d に関して,AR 部分の次数 p と MA 部分の次数 q を求めます.このためには,

 i) データから自己相関関数,偏自己相関関数(データから求めたものは標本自己相関関数,標本偏自己相関関数と呼ばれます)を求め,その形状からモデルの次数を判断する.標本自己相関関数が(減衰はするが)0 とならず,標本偏自己相関関数がある値 p をこえると 0 となる場合は,AR(p) と考えられる.また,逆に標本偏自己相関関数が 0 とならず,自己相関関数がある値 q をこえるとは 0 となる場合は,MA(q) と考えられる.両方

6.4 ARIMA モデルの推定

とも 0 とならない場合は，次に説明する ARMA モデルであると考えられる．（なお，標本自己相関関数，標本偏自己相関関数には，当然確率的なばらつきがありますので，「0 となる」というのは，0 と有意に異ならないということです．TSP では，この範囲がグラフで表示されます．)

ⅱ) モデルとして可能性があると考えられる (p, q) の値すべてに対して，モデルを推定し，その中から，AIC などのモデル選択基準を使い，最もあてはまりのよいものを選ぶ．

などの方法を用います．ⅱ)の方法では，かなり多くの数のモデルを推定する必要があることに注意して下さい（可能性のある (p, q) の値として，$p \leq 2$, $q \leq 2$ を考えたとします．この場合でも $p=0$, $q=0$ を除いても 8 通りのモデルを考える必要があります）．

6.4.2 係数の推定と逆予測

決められた次数に対して係数を推定しますが，ARMA モデルでは，右辺に直接観測することのできない過去の誤差を含んでいますので，これまでの推定方法と大きく異なってきます．

ここではモデルの推定方法を MA(1) を使い簡単に説明します．モデルは，

$$Y_t = u_t + \theta u_{t-1} \tag{6.30}$$

ですので，推定すべきパラメータは，θ です．これまでの条件に加えて，u_t が正規分布に従うとします（この仮定のもとでは，モデルは強定常過程となっています）．これを u_t について解くと，

$$u_t = Y_t - \theta u_{t-1} \tag{6.31}$$

となります．通常の回帰モデルと異なり，(6.31) 式の右辺には誤差項の一期前の値 u_{t-1} が現れています．このため，通常の回帰モデルのように単純に最小二乗法によって推定を行うことができません．

また，$u_1, u_2, ..., u_T$ の同時密度関数を考えると，これは観測されない $t=0$ 時点の u_0 に依存しています．このため，厳密な尤度関数は複雑な関数になってしまいます．このため，次のような方法が通常使われています．

まず，$u_t = Y_t - \theta u_{t-1}$，$t=1, 2, ..., T$ ですので，u_t は u_0，θ の関数となっています．u_0 の値をある値に決めると，u_t は θ のみの関数となります．$u_0=0$ とした場合の条件付き二乗和

$$S = \sum_{t=1}^{T}(Y_t - \theta u_{t-1})^2 \qquad (6.32)$$

は，θ のみの関数となりますので，S を最小にする推定量を求めます（ただし，非線形の最小化の問題ですので，解析的に解くことはできず，数値計算を行う必要があります）．真の u_0 の値は 0 ではありませんので，T が小さい場合は，$u_0=0$ とした影響は無視できません（T が大きくなるに従いその影響は小さくなります）．

このため，u_0 の値をボックスとジェンキンス（Box and Jenkins）によって提案された，逆予測（backcasting）によって推定します．いままでは，時間が増加する，すなわち，過去から未来に向かうモデルを考えてきました．今度は，逆に時間が減少し，未来から過去に向かうモデル，

$$Y_t = u_t + \theta u_{t+1} \qquad (6.33)$$

を考えます．詳細は省略しますが，u_t が正規分布であると仮定した場合，この未来から過去に向かうモデルは，通常の過去から未来へ向かうモデルとまったく同じ形となります．この関係を使って u_0 の値を推定し，さらにそれに基づいてモデルの推定を行うことが可能となります．この逆予測によって，u_0 の初期値の影響の問題の大部分をとりのぞくことができます．

TSP では，何期までさかのぼって逆予測を行うかを NBACK というオプションで指定します．モデルが MA(q) である場合は，u_t の影響は有限時間しか続きませんので，比較的短い期間についてのみ逆予測を行えばよいことになります．一方，モデルに AR 部分がある場合は，u_t の影響は（減衰していきますが）無限時間続きますので，逆予想を行う期間を長くとる必要があります．

この方法による推定量は，厳密な最尤推定量とは少し異なりますが，T が大きければその差は小さく，ほぼ同一の性質を持っているとみなすことができます．したがって，この推定結果に基づき対数最大尤度などを計算し，尤度比検定などを行うことができます．

なお，ARMA モデルの推定を（厳密な）最尤法で行うことも考えられますが，尤度関数は（特に MA 部分が大きい場合）複雑な形となります．また，T が大きければその差は小さなものとなりますので，最尤法についての説明は省略します．TSP ではデフォルトはここで説明した方法となっています．最尤法による推定を行う場合は，EXACTML というオプションを加えますが，現在の段階では各種の制限があり，完全なものとはなっていません．

6.5 予　　測

ARIMA モデルを使った分析の大きな目的の 1 つが予測を行うことです．AR(p) では，Y_{T+s}，$s \geq 1$ の予測量（predictor）は，

$$\hat{Y}_{T+s} = \hat{\phi}_1 Y^*_{T+s-1} + \hat{\phi}_2 Y^*_{T+s-2} + \cdots + \hat{\phi}_p Y^*_{T+s-p} \tag{6.34}$$

$$Y_t^* = \begin{cases} Y_t, & t \leq T \\ \hat{Y}_t, & t > T \end{cases}$$

となります．$\hat{\phi}_1, \hat{\phi}_2, ..., \hat{\phi}_p$ は係数の推定量です．Y_t^* は $t \leq T$ では実際に観測された値，$t > T$ では（観測値がありませんので）予測された値を使います．

MA(q) では，Y_{T+s}，$s \geq 1$ は，

$$\hat{Y}_{T+1} = \hat{\theta}_1 \hat{u}_T + \hat{\theta}_2 \hat{u}_{T-1} + \cdots\cdots + \hat{\theta}_q \hat{u}_{T-q} \tag{6.35}$$

$$\hat{Y}_{T+2} = \hat{\theta}_2 \hat{u}_T + \hat{\theta}_3 \hat{u}_{T-2} + \cdots + \hat{\theta}_q \hat{u}_{T-q+1}$$

$$\cdots\cdots\cdots\cdots\cdots\cdots\cdots$$

$$\hat{Y}_{T+q} = \hat{\theta}_q \hat{u}_T$$

$$\hat{Y}_{T+s} = 0, \quad s > q$$

で予測されます．$\hat{\theta}_1, \hat{\theta}_2, ..., \hat{\theta}_q$ は係数の推定量です．$\hat{u}_T, \hat{u}_{T-1}, \cdots$ は誤差項 u_T，$u_{T-1}, \cdots$ を推定したもので，逆予測を使って求めます（係数の推定の場合と同様，ただ単に $u_0 = u_{-1} = \cdots = u_{-q+1} = 0$ として $u_1, u_2, ..., u_T$ を求めるのでは，初期値の影響が残ってしまいますので，逆予測によりこの問題に対処します）．将来の誤差項 u_{T+s}，$s > 0$ に関しては，期待値と分散以外には何も情報がありませんので，その予測値は 0 となります．したがって，MA(q) モデルでは Y_{T+s}，$s > q$ の予測は 0 となり，q 期をこえた時点に対しては有効な予測ができないことになります．

ARMA モデルでは，上記の 2 つの方法を組み合わせて予測を行います．

6.6 ARIMA モデルによる日本経済データの分析

6.6.1 データの入力

表 6.1 は 2002 年 1 月から 2004 年 12 月までの日本の利子率（短期貸し出し金利）のデータです．データは日本銀行のデータです．これを ARIMA モデルによって分析してみましょう．

これまでと同様，このデータをテキストファイルまたは Excel（ワークシート 4.0）ファイルに入力して下さい．Excel における変数名は，利子率を R とし利子率のみのデータを入力します．テキストファイルの場合は JPNDAT2.TXT，Excel ファイルの場合は JPNDAT2.XLS として C:\TSPEX に保存します．TSP を起動し，

表 6.1 日本の利子率（短期貸付金利）の推移

年	月	利子率（%）	年	月	利子率（%）	年	月	利子率（%）
2002	1	1.615	2003	1	1.680	2004	1	1.627
	2	1.579		2	1.594		2	1.418
	3	1.485		3	1.628		3	1.540
	4	1.567		4	1.664		4	1.534
	5	1.640		5	1.615		5	1.478
	6	1.559		6	1.582		6	1.553
	7	1.717		7	1.682		7	1.542
	8	1.374		8	1.316		8	1.404
	9	1.658		9	1.585		9	1.540
	10	1.541		10	1.655		10	1.530
	11	1.536		11	1.438		11	1.507
	12	1.614		12	1.652		12	1.501

```
FREQ M;
SMPL 2002:1 2004:12;
```
と入力して下さい．データを読み込みます．テキスト・ファイルの場合は，変数名を利子率を R とし

```
LOAD(FILE='C:¥TSPEX¥JPNDAT2.TXT')R;
```
Excel ファイルの場合は，すでに変数名が入力されていますので，

```
LOAD(FILE='C:¥TSPEX¥JPNDAT2.XLS');
```
として下さい．

6.6.2 利子率 r_t についての分析

● 標本自己相関関数・標本偏自己相関関数

まず，利子率 r_t について分析を行います．

```
PLOT R;
```
としてグラフに表してみます．低下傾向や後半ばらつきが大きくなる傾向は一応認められるのですが，それほどはっきりしたものではないので，定常過程であるとして階差はとらず，$d=0$ として分析を進めます．

次に，モデルの次数の決定のため，標本自己相関関数（sample autocorrelation function），標本偏自己相関関数（sample partial autocorrelation function）を求めてみましょう．標本自己相関関数は，

6.6 ARIMAモデルによる日本経済データの分析

$$r(s) = \frac{\sum_{t=s+1}^{T}(Y_t - \overline{Y})(Y_{t-s} - \overline{Y})}{\sum_{t=1}^{T}(Y_t - \overline{Y})^2} \qquad (6.36)$$

から計算されます．$\overline{Y}$ は標本平均です．また，詳細は省略しますが，標本偏自己相関関数は，$r(s)$ の値を使いステップごとに次数を増加させていく逐次計算を行うことによって求めることができます．標本自己相関関数，標本偏自己相関関数を求めるコマンドは，BJIDENT ですので（BJ は Box and Jenkins の頭文字から，IDENT は identify からきています），

BJIDENT R;

と入力して下さい．

まず，標本自己相関関数の値が計算され，その結果が，図 6.2 のグラフにまとめられます（このグラフが必要な情報をすべて含んでいますので，グラフまでの出力結果の説明は省略します）．グラフ上では，計算された標本自己相関関数の値は"R"で示されます．また，「自己相関係数が 0」という帰無仮説の有意水

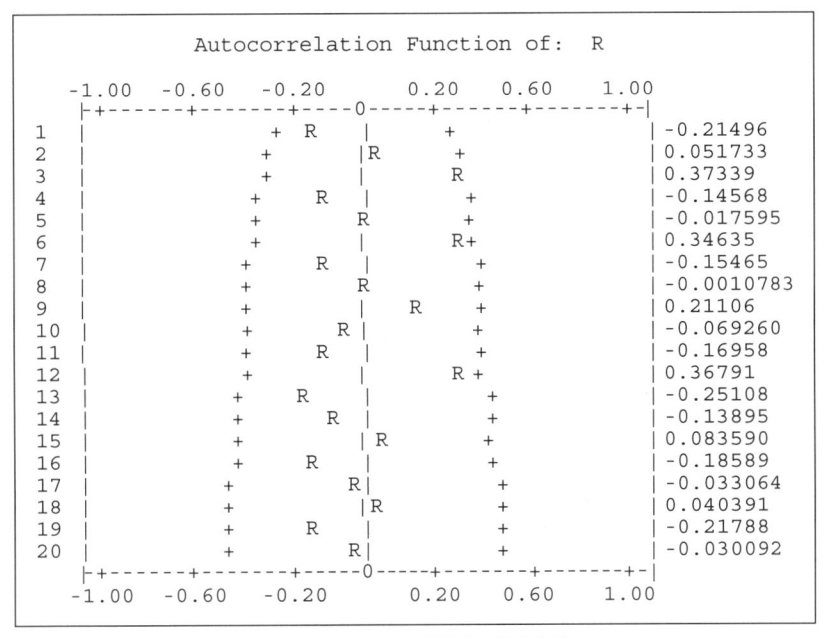

```
                Autocorrelation Function of:   R
       -1.00    -0.60    -0.20     0.20     0.60     1.00
       +-+-------+--------+----0-----+------+--------+-+
   1   |                  +   R    |      +                 | -0.21496
   2   |                  +       |R      +                 |  0.051733
   3   |                  +        |       R                | 0.37339
   4   |                  +    R   |       +                | -0.14568
   5   |                  +         R      +                | -0.017595
   6   |                  +        |      R+                |  0.34635
   7   |                  +     R  |       +                | -0.15465
   8   |                  +        R       +                | -0.0010783
   9   |                  +        |   R   +                |  0.21106
  10   |                  +       R|       +                | -0.069260
  11   |                  +      R |       +                | -0.16958
  12   |                  +        |     R +                |  0.36791
  13   |                  +    R   |       +                | -0.25108
  14   |                  +     R  |       +                | -0.13895
  15   |                  +        |R      +                |  0.083590
  16   |                  +    R   |       +                | -0.18589
  17   |                  +       R|       +                | -0.033064
  18   |                  +        |R      +                |  0.040391
  19   |                  +    R   |       +                | -0.21788
  20   |                  +        R|      +                | -0.030092
       +-+-------+--------+----0-----+------+--------+-+
       -1.00    -0.60    -0.20     0.20     0.60     1.00
```

図 6.2 標本自己相関関数の推定結果

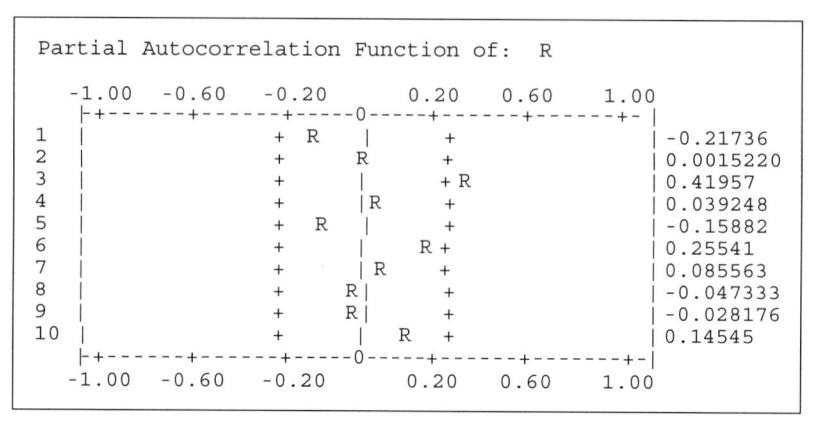

```
Partial Autocorrelation Function of:  R
     -1.00   -0.60   -0.20     0.20    0.60    1.00
   |-+------+------+-----0-----+------+-------+-|
 1 |                +     R    |    +          |   -0.21736
 2 |                +          R    +          |    0.0015220
 3 |                +          |    + R        |    0.41957
 4 |                +          |R   +          |    0.039248
 5 |                +     R    |    +          |   -0.15882
 6 |                +          |   R+          |    0.25541
 7 |                +          | R  +          |    0.085563
 8 |                +        R |    +          |   -0.047333
 9 |                +        R |    +          |   -0.028176
10 |                +          |  R +          |    0.14545
   |-+------+------+-----0-----+------+-------+-|
     -1.00   -0.60   -0.20     0.20    0.60    1.00
```

図 6.3 標本偏自己相関関数の推定結果

準5％での棄却域が"＋"で示されます．したがって，Rが＋で囲まれた領域の外側にある部分のみが，有意に0と異なることになります．この場合は，$r(3)$ のみが外側にありますので，3次の標本自己相関係数のみが有意に0と異なることになります．なお，この図のように標本自己相関関数をグラフに表したものをコレログラム（correlogram）と呼びます．

次に，標本偏自己相関関数の値が計算され，その結果が，図6.3のグラフにまとめられて出力されます．標本相関関数の場合と同様，計算された標本偏相関関数の値は"R"で，「偏自己相関係数が0」という帰無仮説の有意水準5％での棄却域が"＋"で示されます．この場合は，3次の標本偏相関係数だけが外側にあり，有意に0と異なることになります．

なお，BJIDENTでは，何も指定しないと標本自己相関関数が20次まで，標本偏自己相関関数が10次まで計算されます．これを変更したい場合は，標本自己相関関数はNLAG，標本偏自己相関関数はNALGPのオプションを使います．たとえば，標本自己相関関数を25次まで，標本偏自己相関関数を15次まで計算したい場合は，
BJIDENT(NLAG=25,NLAGP=15)R;
と入力します．

● モデルの推定

標本自己相関数，標本偏自己相関数は，両者とも3次の係数についてのみ有意に0と異なるので，この結果からはARMAモデルの次数 (p, q) を決定することはできません．ここでは，いくつかのモデルを考え，AICを使ってモデ

6.6 ARIMAモデルによる日本経済データの分析

ルを選択することとします。考えるモデルは，簡単のため $p \leq 2$, $q \leq 2$ の ARMA(1,0), ARMA(2,0), ARMA(0,1), ARMA(0,2), ARMA(1,1), ARMA(1,2), ARMA(2,1), ARMA(2,2) の8つとします。

まず，AR(1,0) を推定します。これまで，説明を簡単にするために分析対象とする変数 Y_t は期待値 $\mu=0$ ($\mu \neq 0$ の場合は $Y_t - \mu$ を考える。) としてきました。利子率 r_t は明らかに 0 のまわりに分布していませんので（負の利子率は当然ありません），$\mu=E(r_t)$ の影響を考慮してモデルの推定を行う必要があります。1つの方法は r_t からその標本平均 $\bar{r}$ を引くことですが，TSPでは，CONST オプションを加えることによって

$$r_t = a + \phi \cdot r_{t-1} + u_t \tag{6.37}$$

として，a と ϕ の推定を同時に行います（T が大きくなるに従い，r_t から $\bar{r}$ を引いて分析したものとの差は小さくなります）。

ARIMAモデルを推定するコマンドは BJEST ですので，

`BJEST(NAR=1,NMA=0,CONST)R;`

とします。カッコ内は，モデルを表すオプションで，NAR=1 は AR 部分の次数 p が 1，NMA=0 は MA 部分がなく次数 q が 0，CONST は $\mu \neq 0$ とし定数項を含むことを示します。

推定結果が表示されます。推定方法がボックス・ジェンキンズの方法（Box-Jenkins procedures, procedure BJEST）であること，繰り返し計算の初期値・計算の途中結果と2回の繰り返し計算で収束したこと（CONVERGENCE ACHIVED AFTER 2 ITERATION）が示されます。次にモデルの表6.2の推定結果が表示されます。各指標の意味はこれまで説明した通りです。モデルの推定結果は，

$$r_t = 1.9058 - 0.2219 \cdot r_{t-1} \tag{6.38}$$
$$(0.2629) \quad (0.1682)$$

となります。なお，TSP では AR 部分の係数が PHI で，MA 部分の係数が THETA で表示されます（PHI は ϕ の，THETA は θ の英語読みです）。対数最大尤度 (log likelihood) は，

$$\log L_1 = 36.286$$

となります。以下，17次までの残差

$$e_t = r_t - \hat{a} - \hat{\phi} r_{t-1} \tag{6.39}$$

の自己相関係数（autocorrelation of the residuals），残差のプロット図（plot of residuals），残差の正規化された累積ピリオドグラム（normalized cumulative periodogram of residuals）が出力されますが，ここでの分析には必要ありませんので説明は省略します．

同様に，他の7つのモデルを

BJEST(NAR=2,NMA=0,CONST)R;
BJEST(NAR=0,NMA=1,CONST)R;
BJEST(NAR=0,NMA=2,CONST)R;
BJEST(NAR=1,NMA=1,CONST)R;
BJEST(NAR=1,NMA=2,CONST)R;
BJEST(NAR=2,NMA=1,CONST)R;
BJEST(NAR=2,NMA=2,CONST)R;

と入力して，j番目のモデルの対数最大尤度 $\log L_j$ を求めます．

なお，モデルの推定で（計算結果は出力されますが）"CONVERGENCE NOT ACHIVED AFTER 20 ITERATION"と表示され，20回以内に計算が収束しないことがあります．特に p, q の大きい複雑なモデルでは，目的

表 6.2 ARMA(1,0) モデルの推定結果

```
             Results of Box-Jenkins Estimation
             ==================================

Dependent variable: R
Current sample:  2002:1 to 2004:12
Number of observations:  36

        Mean of dep. var. = 1.55972      Adjusted R-squared = .019741
   Std. dev. of dep. var. = .091782      LM het. test = 5.57972 [.018]
 Sum of squared residuals = .280762      Durbin-Watson = 1.96314
    Variance of residuals = .825772E-02  Schwarz B.I.C. = -32.7025
Std. error of regression = .090872       Log likelihood = 36.2860
               R-squared = .047749

                        Standard
Parameter    Estimate    Error         t-statistic    P-value
PHI1         -.221926    .168181       -1.31956       [.187]
CONSTANT     1.90583     .262945        7.24801       [.000]
```

6.6 ARIMA モデルによる日本経済データの分析

関数が複雑な形になりますので,計算が収束しなかったり,途中で数値計算のエラーが発生したりして,推定ができないことがあります.TSP は標本自己相関関数から自動的に初期値を求めて推定を行いますが,これは必ずしもよい初期値とは言えません.また,本当に計算が収束して正しい値となっているのかどうか,チェックする必要があります.このようなケースでは,初期値を適当に設定して計算を行う必要があります.ARMA $(2,2)$ の推定を適当な初期値を使って行ってみます.

最初の推定結果は,
```
PHI1=-0.357926,PHI2=-0.612995,
THETA1=-0.139663,THETA2=-0.84480,
CONSTANT=3.07020
```
で $\log L=39.4794$ です.これは本当に計算が収束した結果でしょうか.チェックしてみましょう.TSP では,初期値を @START に設定します.順番は,AR 部分の係数,MA 部分の係数,定数項です.@START はベクトルとして設定しますので,
```
LOAD(NROW=5,NCOL=1)@START;
-0.357 -0.612 -0.139 -0.844 3.07;
```
と入力して下さい.
```
PRINT @START;
```
として初期値が正しく入力されているかどうかを確認して下さい.次に
```
BJEST(NAR=2,NMA=2,CONST)R START @START;
```
として推定を行って下さい.推定結果は,
```
PHI1=-0.357915,PHI2=-0.613033,
THETA1=-0.139642,THETA2=-0.84494,
CONSTANT=3.07024;
```
で $\log L=39.4794$ です.確かに計算が収束していることがわかります.なお,このデータでは他のモデルにおいても(推定値がごくわずか変動するものはありますが)収束していると考えられます.

また,p, q(特に q)の大きい複雑なモデルでは途中で数値計算のエラーが発生し,推定が得られないことがしばしば起こります.この場合は,初期値を変更し,1次次数の小さい ARMA $(p-1, q)$ や ARMA $(p, q-1)$ の推定値を初期値

表 6.3 AIC による ARMA モデルの選択結果

モデル	Log$L$	AIC	AIC による順位
ARMA(1,0)	36.286	−70.572	3
ARMA(2,0)	36.286	−68.572	7
ARMA(0,1)	36.142	−70.284	4
ARMA(0,2)	37.791	−71.582	1
ARMA(1,1)	36.286	−68.572	8
ARMA(1,2)	37.952	−69.904	5
AEMA(2,1)	37.389	−68.779	6
ARMA(2,2)	39.479	−70.959	2

とする（新しく増えたパラメータの初期値は 0）などして，推定を行ってみて下さい．どのパッケージプログラムについても言えることですが，現状ではすべてのプログラムが完全であるわけではありません．q の値が大きい複雑なモデルの推定には注意が必要です．

各モデルに含まれているパラメータの数の差はその AR 部分と MA 部分の次数合計の差となりますので，j 番目のモデルの AIC を

$$AIC_j = -2 \cdot \log L_j + 2 \cdot (p_j + q_j) \qquad (6.40)$$

として計算します．なお，ARMA(2,2) は初期値を変えて 2 度推定したものです．p_j, q_j は j 番目のモデルの AR，MA 部分の次数です．推定結果は，表 6.3 のようになります．AIC 基準では ARMA(0,2)，すなわち，AR 部分がなく，MA 部分とも 2 次モデルが選択されますが，ARMA(2,2) との差はわずかです．2 つのモデルの推定結果は次の通りです（カッコ内は標準誤差）．

ARMA(0, 2) モデル

$$r_t = 1.5590 + 0.3691 u_{t-1} - 0.4523 u_{t-2} \qquad (6.41)$$
$$\quad (0.0158) \quad (0.1496) \qquad (0.1522)$$

ARMA(2, 2) モデル

$$r_t = 3.0702 + 0.3579 r_{t-1} - 0.6130 r_{t-2} - 0.1396 u_{t-1} - 0.8449 u_{t-2}$$
$$\quad (0.2959) \quad (0.1272) \qquad (0.1333) \qquad (0.0362) \qquad (0.0278)$$

● 予 測

選択されたモデルを使って，r_t の 2005 年 1〜12 月までの 12 ヵ月の予測を行ってみます．ARMA(0, 2) では 3 期以降の有効な予測ができませんので，ここでは，ARMA(2, 2) を使って予測を行います．REVIEW，EXEC コマンドを

6.6 ARIMA モデルによる日本経済データの分析

使って ARMA(2,2) の推定を行って下さい．BJEST(NAR=0,NMA=2,CONST)R;を再実行して下さい（特に指定しない限り，最後に推定されたモデルに基づいて推定が行われます）．予測に使われるコマンドは BJ-FRCST ですので，

表 6.4 ARMA(2,2) による予測結果

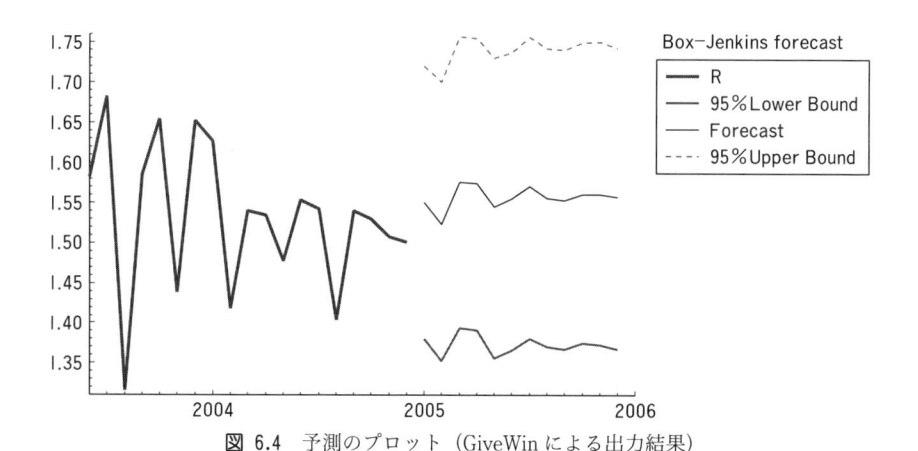

```
Forecasts and 95% Confidence Bounds (Origin = 2004:12)

          Lowr Bnd    Forecast    Uppr Bnd    Actual     Error
2004:12   1.50100     1.50100     1.50100     1.50100    0.00000
2005:1    1.37946     1.55015     1.72084     .          .
2005:2    1.34811     1.52282     1.69753     .          .
2005:3    1.39238     1.57490     1.75743     .          .
2005:4    1.39045     1.57302     1.75559     .          .
2005:5    1.35609     1.54176     1.72743     .          .
2005:6    1.36818     1.55410     1.74003     .          .
2005:7    1.38213     1.56885     1.75557     .          .
2005:8    1.36889     1.55601     1.74312     .          .
2005:9    1.36434     1.55156     1.73878     .          .
2005:10   1.37356     1.56103     1.74850     .          .
2005:11   1.37289     1.56036     1.74783     .          .
2005:12   1.36723     1.55480     1.74237     .          .
```

図 6.4 予測のプロット（GiveWin による出力結果）

```
BJFRCST(NHORIZ=12,ORGBEG=2005:1,ORGEND=2005
:12)R;
```
と入力して下さい．(FRCSTはforecastの略からきています．) カッコ内のNHORIZは予測する期間の数を，ORGBEGおよびORGENDでは予測の最初および最後の時期を指定するオプションです．表6.4の2005年12月までの予測値 (forecast)・95%信頼区間の下限値 (lowr bnd)，上限値 (uppr bnd) および図6.4のそのプロット図が出力されます．

6.6.2 実質GDPのARIMAモデルによる分析

ここでは，実質GDP, GDP_t をARIMAモデルによって分析してみます．表6.5は日本の実質GDPのデータですが，これまでと同様，テキストまたはExcel (ワークシート4.0) のファイルに保存し，TSPに読み込んでください．

```
PLOT GDP;
```
と入力して GDP_t をグラフにして下さい．GDP_t は強い増加のトレンドがあり，このままでは定常過程ではありませんので，1次の階差を取った $\Delta GDP_t = GDP_t - GDP_{tt-1}$ をグラフにしてみます (図6.5 (a))．

表 6.5 日本の実質GDP (2000年価格，兆円)

年	実質GDP	年	実質GDP
1970	194	1987	374
1971	203	1988	400
1972	221	1989	421
1973	238	1990	443
1974	235	1991	458
1975	243	1992	462
1976	252	1993	463
1977	263	1994	468
1978	277	1995	477
1979	293	1996	494
1980	301	1997	503
1981	310	1998	497
1982	318	1999	497
1983	323	2000	511
1984	333	2001	514
1985	350	2002	512
1986	361	2003	525

6.6 ARIMA モデルによる日本経済データの分析

```
DGDP=GDP-GDP(-1);
PLOT DGDP;
```
として下さい．今度は，トレンドのない系列が得られますので，階差の次数を $d=1$ として分析を行います（図6.5 (b)）．

標本自己相関関数，標本偏自己相関関数を求めてみます．
```
BJIDENT(NDIFF=1)GDP;
```
と入力して下さい．カッコ内の NDIFF=1 は，階差の次数 d を1に指定す

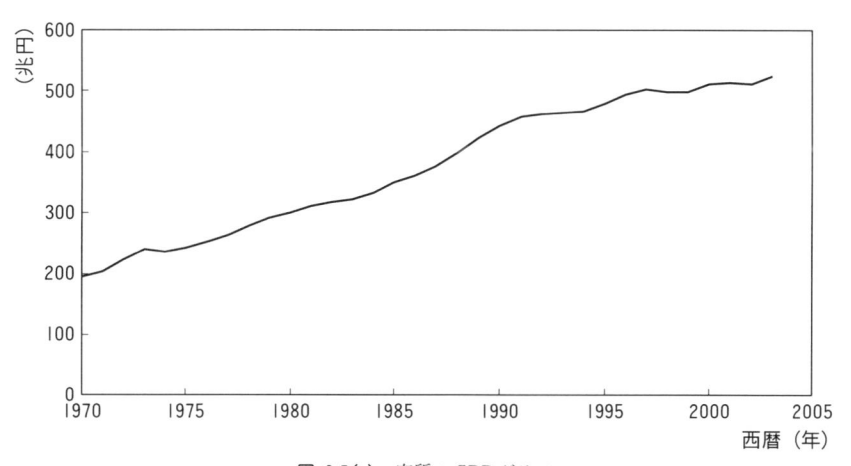

図 6.5(a)　実質の GDP グラフ

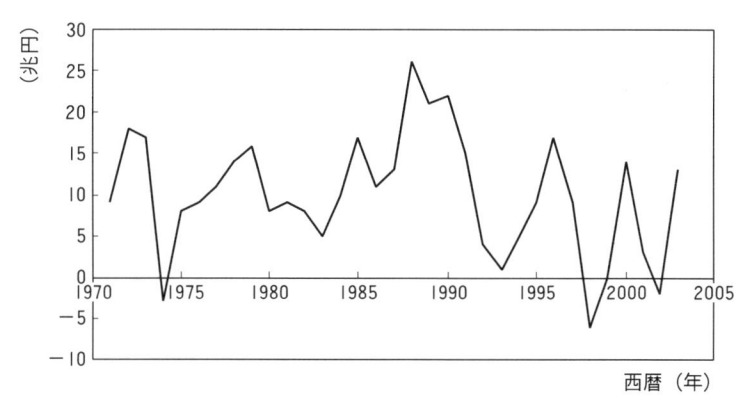

図 6.5(b)　Δ GDP のグラフ
階差をとるとトレンドのない系列が得られる

るオプションです．標本自己相関関数・標本偏自己相関関数は，元の系列 GDP_t および1次の階差を取った系列 ΔGDP_t について計算されます．まず，標本自己相関 (autocorrelations) が出力され，ついで，標本偏自己相関 (partial autocorrelations) が出力されます．元の系列 GDP_t では，標本自己相関関数は徐々に減少し0になった後に，今度は負の値になり絶対値が増加しています．また，標本偏自己相関関数は1次と2次のものが0.993，-0.778 とその絶対値が大きな値となっています．1次の階差を取った ΔGDP_t についての結果は，1次の階差を取っていますので，表示が

```
(1-B)GDP
```

となっています．ΔGDP_t に関しては標本自己相関関数・標本偏自己相関関数とも1次の係数のみが大きく，(5%の有意水準で) 有意に0と異なっています．

次に $d=1$ で階差を取った ARIMA モデルの推定を行います．ARIMA$(1,1,0)$ の推定は，

```
BJEST(NAR=1,NDIFF=1,NMA=0,CONST)GDP;
```

とします．BJIDENT コマンドの場合と同様，NDIFF=1 は1次の階差を取るオプションです．次のような推定結果が得られます（カッコ内は標準誤差，$\log L$ は対数最大尤度）．

$$\Delta GDP_t = 6.268 + 0.378 \cdot \Delta GDP_{t-1} \qquad (6.42)$$
$$(2.040) \quad (0.167)$$

$$\log L = -109.790$$

同様に ARIMA$(0,1,1)$，ARIMA$(0,1,2)$，ARIMA$(1,1,1)$，ARIMA$(1,1,2)$，ARIMA$(2,1,0)$，ARIMA$(2,1,1)$，ARIMA$(2,1,2)$ の推定を行いますが，

```
BJEST(NAR=0,NDIFF=1,NMA=1,CONST)GDP;
BJEST(NAR=0,NDIFF=1,NMA=2,CONST)GDP;
BJEST(NAR=1,NDIFF=1,NMA=1,CONST)GDP;
BJEST(NAR=1,NDIFF=1,NMA=2,CONST)GDP;
BJEST(NAR=2,NDIFF=1,NMA=0,CONST)GDP;
BJEST(NAR=2,NDIFF=1,NMA=1,CONST)GDP;
BJEST(NAR=2,NDIFF=1,NMA=2,CONST)GDP;
```

として ARIMA$(0,1,1)$～ARIMA$(2,1,2)$ の推定を行って下さい（推定が20回以内に収束しないモデルについては，得られた推定結果を初期値として収束する

6.6 ARIMA モデルによる日本経済データの分析

まで推定を続けてください）．各モデルについて AIC を計算すると表 6.6 のようになります．AIC による基準では，ARIMA(0, 1, 1) が選択されます．推定結果（カッコ内は標準誤差）は次の通りです．

$$\varDelta GDP_t = 10.151 - 0.628 u^*_{t-1} \quad (6.43)$$
$$\quad\quad\quad (1.833) \quad (0.139)$$

選択された ARIMA(0, 1, 1) を使って，2010 年までの GDP_t を予測してみましょう．このモデルを推定しなおして下さい．

```
BJFRCST(NHORIZ=7,ORGBEG=2003,ORGEND=2010)
GDP;
```

と入力して下さい．予測結果は表 6.7 のようになります．

表 6.6 AIC による ARIMA モデルの選択結果

モデル	LogL	AIC	順位
ARIMA(0,1,1)	−107.575	217.150	1
ARIMA(0,1,2)	−107.496	218.992	2
ARIMA(1,1,0)	−109.790	221.580	8
ARIMA(1,1,1)	−107.515	219.030	3
ARIMA(1,1,2)	−106.630	219.260	4
ARIMA(2,1,0)	−108.408	220.816	7
ARIMA(2,1,1)	−107.327	220.654	5
ARIMA(2,1,2)	−106.407	220.814	6

表 6.7 実質 GDP の予測結果

	Lowr Bnd	Forecast	Uppr Bnd	Actual	Error
2003	525.00000	525.00000	525.00000	525.00000	0.00000
2004	526.40647	539.15078	551.89509	.	.
2005	524.94800	549.30247	573.65693	.	.
2006	527.45629	559.45415	591.45201	.	.
2007	531.46681	569.60584	607.74486	.	.
2008	536.33738	579.75752	623.17766	.	.
2009	541.78404	589.90920	638.03437	.	.
2010	547.65141	600.06089	652.47037	.	.

6.7 季節性とSARIMAモデル

6.7.1 SARIMAモデル

多くの四半期データや月次データには，日数の違い，気候の違い，社会習慣などのため，同じ季節（同じ四半期や同じ月）のデータ間に強い相関関係があるという，季節性（seasonality）が存在します．図6.6は，1981年第1四半期（1～3月期）から1995年第4四半期（10～12月）の法人企業全産業売り上げ高の推移です．全体に増加傾向がありますが，第2四半期（4～6月期）が前後の四半期に比べて落ち込むなど，同じ四半期は同じ傾向を示し，はっきりした季節性がみられます．

このように，季節性が存在するデータの分析には，季節自己回帰和分移動平均モデル（seasonal autoregressive integrated moving average model, SARIMAと略されます）が使われます．いま，データの周期が s であるとします．SARIMAモデルでは，s, $2s$, …期前のデータとの関係を考えて分析します．四半期データでは $s=4$ ですので，4四半期前（1年前），8四半期前（2年前），…との関係を考えます．月次データでは $s=12$ ですので，12か月前（1年前），24か月前（2年前），…との関係を考慮します．

s 期前との関係ですので，（季節差の影響をとりのぞくなどのため）階差をとる場合は s 期前との差（前年の同四半期や同月との差），

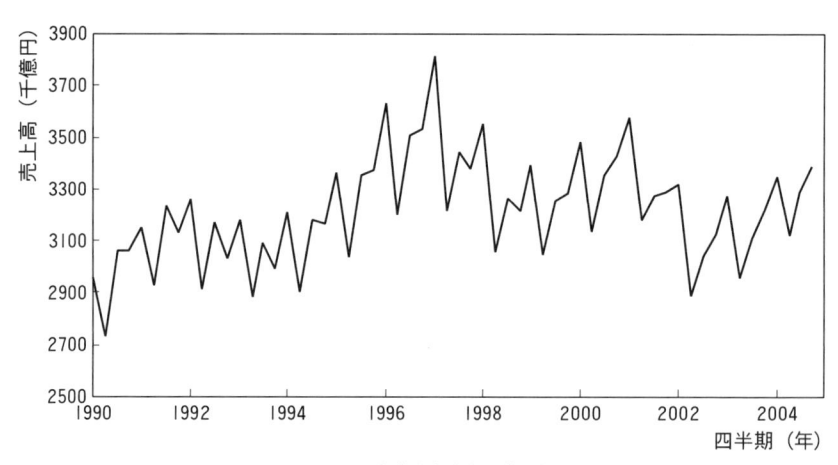

図 6.6 法人企業全産業売上高の推移

$$\Delta_s Y_t = Y_t - Y_{t-s} \tag{6.44}$$

を考えます．また，通常の ARMA モデルのかわりに，$t-s,\ t-2s,\ t-3s,\ \cdots$ との関係の季節 ARMA モデル

$$Y_t = \gamma_1 Y_{t-s} + \gamma_2 Y_{t-2s} + \cdots + \gamma_{P \cdot s} Y_{t-P \cdot s} \tag{6.45}$$
$$+ u_t + \delta_1 u_{t-s} + \delta_2 u_{t-2s} + \cdots + \delta_Q u_{t-Q \cdot s}$$

を考えます．

一般には，周期が s の SARIMA モデルを SARIMA$(P, D, Q)_s$ と表します．P は季節自己回帰の次数，D は季節階差の次数，Q は季節移動平均の次数で，ARIMA モデルの次数と区別するため，大文字で表します．

SARIMA$(P, D, Q)_s$ によって季節性を処理しますが，これと通常の ARIMA モデル ARIMA(p, d, q) を組み合わせることによって，季節性のあるデータに対していろいろな分析が可能となります．いま，データの季節性が 1 次の季節自己回帰モデルで

$$Y_t = \gamma Y_{t-s} + \nu_t \tag{6.46}$$

で表されたとします．$\nu_t = Y_t - \gamma \cdot Y_{t-s}$ は季節性を処理した系列となりますが，これまでの誤差項と異なり，独立である必要はありません．ν_t が通常の 1 次の自己回帰モデルで，

$$\nu_t = \phi \nu_{t-1} + u_t \tag{6.47}$$

であったとします．これから，

$$Y_t = \gamma Y_{t-s} + \phi(Y_{t-1} - \gamma Y_{t-s-1}) + u_t \tag{6.48}$$

となります．このように 2 つを組み合わせたモデルは，乗法的季節 ARIMA モデルと呼ばれています（以後，ARIMA(p, d, q) と SARIMA$(P, D, Q)_s$ を $(p, d, q) \times (P, D, Q)_s$ と表すことにします）．しかしながら，$p,\ q,\ Q,\ D$ など（とくに MA 部分の $q,\ Q$）が大きくなるとモデルが複雑になるため，適当な初期値を選ばない限り，計算途中でエラーが発生してしまい，推定ができなくなってしまいますので注意して下さい．

6.7.2 四半期データの分析

表 6.8 は 1990 年第 1 四半期（1～3 月）から 2004 年第 4 四半期（10～12 月）の法人企業全産業売り上げ高の推移です．データは，財務省，「法人企業統計季報」からのものです．

売り上げ高 $Sale_t$ のデータを 1990 年第 1 四半期から順に 2004 年第 4 四半期ま

表 6.8 法人全企業売上高の推移

年	第1四半期	第2四半期	第3四半期	第4四半期
1990	2,960	2,730	3,061	3,062
1991	3,152	2,927	3,236	3,136
1992	3,262	2,918	3,169	3,032
1993	3,184	2,881	3,092	2,990
1994	3,211	2,903	3,183	3,165
1995	3,366	3,039	3,358	3,373
1996	3,629	3,206	3,507	3,538
1997	3,815	3,216	3,449	3,383
1998	3,556	3,054	3,266	3,217
1999	3,397	3,047	3,253	3,288
2000	3,484	3,142	3,358	3,425
2001	3,581	3,182	3,272	3,294
2002	3,318	2,889	3,046	3,128
2003	3,272	2,960	3,113	3,225
2004	3,349	3,119	3,290	3,390

で，時間順にテキストファイル，または，Excel ファイルで入力して下さい（他の変数は入力する必要はありません）．Excel ファイルでの変数名は，SALE とします．C:¥TSPEX¥SALE.TXT（テキストファイルの場合）または SALE.XLS（Excel ファイルの場合）として保存して下さい．

TSP を起動させ，

FREQ Q;

SMPL 1990:1 2004:4;

と入力して，1990 年の第 1 四半期から 2004 年の第 4 四半期までの四半期データを使うことを指定します．四半期データを指定しましたので，データの周期は $s=4$ となります．テキストファイルの場合，

LOAD(FILE='C:¥TSPEX¥SALE.TXT')SALE;

Excel ファイルの場合，

LOAD(FILE='C:¥TSPEX¥SALE.XLS');

としてデータの読み込みを行います．

PRINT SALE;

として，データが正しく入力されていることを確認して下さい．

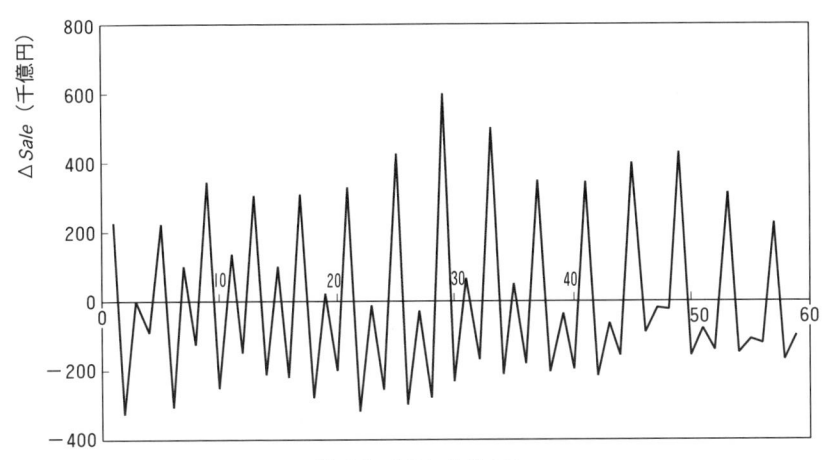

6.7 季節性と SARIMA モデル

図 6.7 $\Delta Sale$ のグラフ
4 期を周期とした変動があり，季節性が認められる．

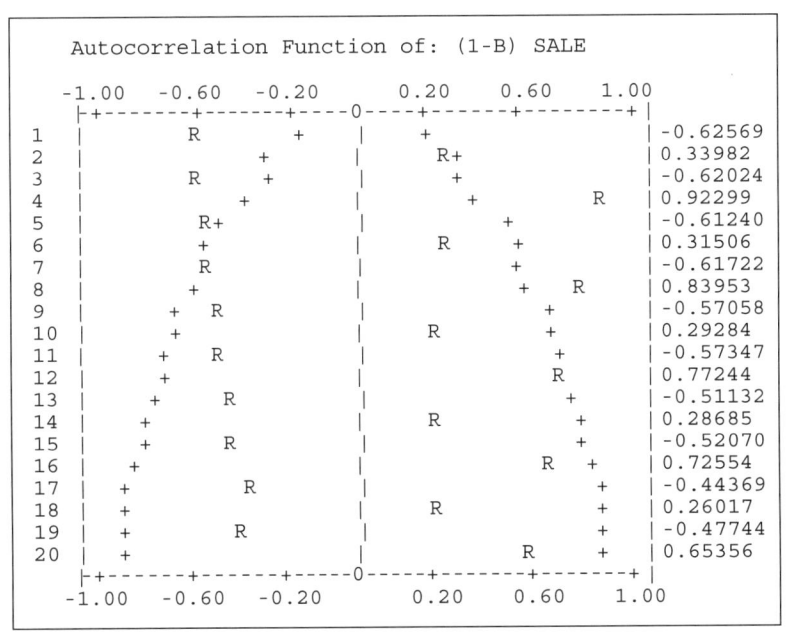

```
     Autocorrelation Function of: (1-B) SALE
     -1.00    -0.60    -0.20      0.20     0.60     1.00
     +--------+--------+--------0--------+--------+--------+|
 1   |              R         +    |    +                   | -0.62569
 2   |                        +    |  R+                    |  0.33982
 3   |              R         +    |    +                   | -0.62024
 4   |                        +    |              +       R | 0.92299
 5   |             R+              |         +              | -0.61240
 6   |                        +    |    R    +              |  0.31506
 7   |              R         +    |         +              | -0.61722
 8   |                        +    |              +       R |  0.83953
 9   |           +  R              |              +         | -0.57058
10   |           +                 |    R         +         |  0.29284
11   |            +  R             |              +         | -0.57347
12   |            +                |              R         |  0.77244
13   |             +  R            |              +         | -0.51132
14   |           +                 |    R         +         |  0.28685
15   |            +  R             |              +         | -0.52070
16   |          +                  |              R  +      |  0.72554
17   |        +      R             |              +         | -0.44369
18   |        +                    |    R         +         |  0.26017
19   |        +      R             |              +         | -0.47744
20   |        +                    |         R    +         |  0.65356
     +--------+--------+--------0--------+--------+--------+|
     -1.00    -0.60    -0.20      0.20     0.60     1.00
```

図 6.8 $\Delta Sale_t$ の標本自己相関係数
4 次ごとに大きな値となっている．

```
PLOT SALE;
DSALE=SALE-SALE(-1);
PLOT DSALE;
```
として, $Sale_t$ および 1 次の階差をとった $\Delta Sale_t$ をグラフに書いて下さい. グラフには 4 期を周期とした変動があり, 季節性があるようです (図 6.7). ($Sale_t$ については図 6.6 を参照して下さい.)

このデータは, 増加のトレンドがあり定常過程ではありませんので, $\Delta Sale_t$ について標本自己相関関数を求めてみます.

```
BJIDENT(NDIFF=1)SALE;
```
として下さい. $\Delta Sale_t$ についてみると, 4 次の標本自己相関係数が 0.923, 8 次の標本自己相関係数が, 0.840 などと 4 次ごとに大きな値が観測されています (図 6.8).

次に, 1 次の季節階差をとった $\Delta_s Sale_t = Sale_t - Sale_{t-s}$, $s=4$ について, 標

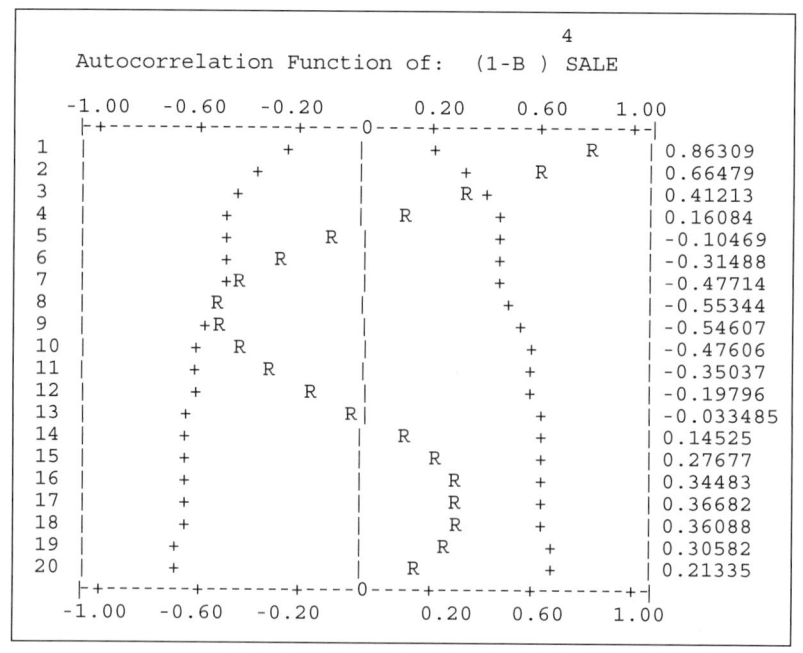

```
                                        4
         Autocorrelation Function of:  (1-B ) SALE

           -1.00    -0.60    -0.20        0.20     0.60     1.00
              +-+-------+--------+----0----+--------+--------+-+
            1 |                  |        +         R       | 0.86309
            2 |              +   |              +     R     | 0.66479
            3 |                + |             R +          | 0.41213
            4 |                + |    R        +            | 0.16084
            5 |             +    R              +           | -0.10469
            6 |            +     R              +           | -0.31488
            7 |          +R      |              +           | -0.47714
            8 |         R        |                 +        | -0.55344
            9 |         +R       |              +           | -0.54607
           10 |           +   R  |                 +        | -0.47606
           11 |             +    R                +         | -0.35037
           12 |              +     R   |          +         | -0.19796
           13 |                +       R|         +         | -0.033485
           14 |                +      | R         +         | 0.14525
           15 |                +      |      R    +         | 0.27677
           16 |                +      |       R   +         | 0.34483
           17 |                +      |       R   +         | 0.36682
           18 |                +      |       R   +         | 0.36088
           19 |                 +     |      R     +        | 0.30582
           20 |                  +    |   R        +        | 0.21335
              +-+-------+--------+----0----+--------+--------+-+
           -1.00    -0.60    -0.20        0.20     0.60     1.00
```

図 6.9　$\Delta Sale_t$ の標本自己相関係数
4 次ごとの関係が消えている.

6.7 季節性と SARIMA モデル

本自己相関関数を計算してみましょう.
  BJIDENT(NDIFF=0,NSDIFF=1)SALE;
として下さい. NSDIFF は季節階差の次数を指定するオプションです. 今度は, 4次ごとの関係はみられず, 季節階差をとることにより季節性は処理されていると考えられます (図 6.9).

次に, $(p, d, q) \times (P, D, Q)_s$ を使っての分析を行ってみます. モデルの次数は, $p=1$, $d=0$, $q=0$, $P=1$, $D=1$, $Q=0$ とします.
  BJEST(NAR=1,NDIFF=0,NMA=0,NSAR=1,NSDIFF=1,NSMA=0,CONST)SALE;
と入力して下さい. 季節自己回帰の次数 P は NSAR, 季節階差の次数 D は NSDIFF, 季節移動平均の次数 Q は NSMA で指定します. 推定されるモデルは,

$$\Delta_s Sale_t = a + \gamma \Delta_s Sale_{t-s} + \phi(\Delta_s Sale_{t-1} - \gamma \Delta_s Sale_{t-s-1}) + u_t, \quad (6.49)$$
$$s = 4$$

表 6.9 $(p, d, q) \times (P, D, Q)_s$, $p=1$, $d=0$, $q=0$, $P=1$, $D=1$, $Q=0$ の推定結果

```
               Results of Box-Jenkins Estimation
               =================================

              Statistics Based on Differenced Series
              ======================================

Dependent variable: SALE
Current sample: 1990:1 to 2004:4
Number of observations:  56

          Mean of dep. var. = 23.8393    Adjusted R-squared = .775400
      Std. dev. of dep. var. = 141.358   LM het. test = .123069 [.726]
   Sum of squared residuals = 238050.    Durbin-Watson = 1.40835
        Variance of residuals = 4491.51  Schwarz B.I.C. = 319.435
    Std. error of regression = 67.0187   Log likelihood = -313.397
                R-squared = .783568

                      Standard
Parameter   Estimate   Error       t-statistic    P-value
PHI1         .887412    .077603     11.4353        [.000]
GAMMA1       .033138    .172689       .191892      [.848]
CONSTANT    3.04339    9.02598        .337181      [.736]
```

となります(なお,ARIMA モデルで説明したのと同様の方法で,最適なモデルの選択を行うことが可能ですが,スペースの関係で省略します.演習として行ってみて下さい).

TSP では,季節自己回帰の項の推定値は GAMMA(γ の英語読み)で,季節移動平均の項の推定値は DELTA(δ の英語読み)で表示されます.表 6.9 の結果が出力され,推定結果(カッコ内)は,

$\hat{\alpha}=3.043$ (9.026), $\hat{\gamma}=0.0332$ (0.173), $\hat{\phi}=0.887$ (0.0776)

となります.

この結果を使って,2005 年第 1 四半期から 2006 年第 4 四半期までの 8 四半期について予測を行ってみましょう.

BJFRCST(NHORIZ=8,ORGBEG=2005:1,ORGEND=2006:4)SALE;

として入力下さい.2005 年第 1 四半期から 2006 年第 4 四半期までの 8 四半期の予測値,95% 信頼区間およびそのプロット図が出力されます(表 6.10).

表 6.10 2005 年第 1 四半期から 2006 年第 4 四半期までの予測結果

```
Forecasts and 95% Confidence Bounds (Origin = 2004:4)

         Lowr Bnd      Forecast      Uppr Bnd      Actual        Error
2004:4   3390.00000    3390.00000    3390.00000    3390.00000    0.00000
2005:1   3366.81126    3498.16555    3629.51983    .             .
2005:2   3081.80198    3257.41929    3433.03660    .             .
2005:3   3213.25050    3417.06805    3620.88560    .             .
2005:4   3282.53269    3506.06785    3729.60301    .             .
2006:1   3292.64360    3604.29984    3915.95609    .             .
2006:2   2988.42003    3354.84797    3721.27591    .             .
2006:3   3102.33870    3506.71112    3911.08354    .             .
2006:4   3156.85731    3588.77115    4020.68499    .             .
```

6.8 演 習 問 題

1. 表 6.11 は,2002 年 1 月から 2004 年 12 月までの長期貸し出し金利のデータです.データは,日本銀行のものです.ARMA モデルを使って分析して下さい.また,2006 年 12 月までの予測を行って下さい.

2. 表 6.12 はアメリカ合衆国の実質 GDP(2000 年価格,単位十億ドル)のデ

6.8 演習問題

表 6.11 日本の利子率（長期貸付金利）の推移

年	月	利子率（%）	年	月	利子率（%）	年	月	利子率（%）
2002	1	1.638	2003	1	1.714	2004	1	1.686
	2	1.529		2	1.522		2	1.478
	3	1.648		3	1.588		3	1.553
	4	1.762		4	1.738		4	1.677
	5	1.525		5	1.402		5	1.418
	6	1.698		6	1.661		6	1.680
	7	1.769		7	1.739		7	1.741
	8	1.499		8	1.486		8	1.496
	9	1.637		9	1.684		9	1.536
	10	1.750		10	1.740		10	1.684
	11	1.539		11	1.517		11	1.446
	12	1.616		12	1.675		12	1.618

表 6.12 アメリカ合衆国の実質 GDP（2000 年価格, 10 億ドル）

年	実質 GDP	年	実質 GDP
1970	3,722	1987	6,425
1971	3,851	1988	6,690
1972	4,066	1989	6,926
1973	4,305	1990	7,055
1974	4,284	1991	7,041
1975	4,277	1992	7,276
1976	4,507	1993	7,472
1977	4,717	1994	7,726
1978	4,982	1995	7,923
1979	5,140	1996	8,271
1980	5,128	1997	8,643
1981	5,257	1998	9,013
1982	5,154	1999	9,417
1983	5,386	2000	9,765
1984	5,774	2001	9,815
1985	6,011	2002	10,032
1986	6,217	2003	10,343

ータです．データは，世界銀行（World bank, World Development Indicator）からのものです．これを ARIMA モデルを使って分析して下さい．また，2010 年までの予測を行って下さい．

3. 表 6.13 は，1990 年第 1 四半期から 2004 年第 4 四半期までの法人企業・製造業の売り上げ高（単位：千億円）の推移です．データは，財務省，「法人企業統計季報」からのものです．これを本章で説明した方法によって分析して下さい．また，2005 年第 1 四半期から 2007 年第 2 四半期までの予測を行って下さい．

表 6.13 法人・製造業売上高の推移（千億円）

年	第 1 四半期	第 2 四半期	第 3 四半期	第 4 四半期
1990	891	879	935	981
1991	956	939	982	991
1992	966	889	932	934
1993	930	864	892	892
1994	889	867	921	938
1995	946	909	954	984
1996	997	948	1,023	1,047
1997	1,085	982	1,023	1,024
1998	1,008	920	955	950
1999	960	904	962	990
2000	1,031	942	996	1,021
2001	1,039	927	947	928
2002	939	871	927	952
2003	973	905	939	979
2004	1,015	944	1,006	1,025

参 考 文 献

1) W. ヴァンデール著, 蓑谷千凰彦・廣松 毅訳,「時系列入門」, 多賀出版, 1988.
2) 刈屋武昭監修, 日本銀行統計局,「計量経済分析の基礎と応用」, 東洋経済新報社, 1985.
3) J. ジョンストン著, 竹内 啓他訳,「計量経済学の方法 (全訂版) (上), (下)」, 東洋経済新報社, 1975.
4) 田中勝人著,「経済統計」, 岩波書店, 1996.
5) 東京大学教養学部統計学教室編,「人文社会科学の統計学」, 東京大学出版会, 1994.
6) 縄田和満著,「Excelによる回帰分析入門」, 朝倉書店, 1998.
7) 縄田和満著,「Excelによる統計入門 (第2版)」, 朝倉書店, 2000.
8) 縄田和満著,「理工系のための経済学・ファイナンス理論」, 東洋経済新報社, 2003.
9) 畠中道雄著,「計量経済学の方法 (改訂版)」, 創文社, 1996.
10) A. C. ハーベイ著, 国友直人・山本 拓訳,「時系列モデル入門」, 東京大学出版会, 1985.
11) 廣松 毅・藤原直哉著,「計量経済学の実際」, 新世社, 1990.
12) 廣松 毅・浪花貞夫著,「経済時系列分析」, 朝倉書店, 1990.
13) G. S. マダラ著, 和合 肇訳著,「計量経済学の方法」, マグロウヒル, 1992.
14) C. E. V. レッサー著, 佐和隆光・前川功一訳,「初等計量経済学」, 東洋経済新報社, 1977.
15) 蓑谷千凰彦著,「計量経済学」, 東洋経済新報社, 1988.
16) 蓑谷千凰彦著,「計量経済学の新しい展開」, 多賀出版, 1992.
17) 蓑谷千凰彦著,「計量経済学の理論と応用」, 日本評論社, 1996.
18) 蓑谷千凰彦著,「計量経済学」, 数量経済分析シリーズ1, 多賀出版, 1997.
19) 森棟公夫著,「計量経済学」, プログレッシブ経済学シリーズ, 東洋経済新報社, 1999.
20) 山本 拓著,「経済の時系列分析」, 創文社, 1988.
21) 山本 拓著,「計量経済学」, 新世社, 1995.

22) 和合 肇・伴 金美,「TSPによる経済データの分析 (第2版)」, 東京大学出版会, 1995.

索　引

和文

あ行

赤池の情報量基準　60
あてはまりのよさ　37
あてはめ値　35, 55, 86
雨宮の方法　96

1次の自己回帰モデル　136
1次の自己相関　78, 86
一般化最小二乗法　85, 95
移動平均表現　140
移動平均モデル　139, 140
　　——の反転可能性　140
　　q 次の——　139
　　1次の——　139

ウー・ハウスマン　117, 129

F 検定　57, 58, 67, 69
F 分布　67

オーダー条件　111, 112, 130
オンライン・ヘルプ　20

か行

回帰　47
　　——の標準誤差　48
回帰関数　32
回帰係数　37, 38, 47, 65, 67
　　——の検定　37, 65, 67
　　——の推定　35
　　——の推定値　48
　　——の t 検定　38
　　——の標準誤差　48
　　——の標本分布　37, 38
回帰残差　36, 55
　　——のグラフ　79
回帰値　35
回帰分析　30
回帰方程式　32, 33, 37, 55
回帰モデル　30, 41
　　——の最尤法による推定　41
階差　142, 154
　　——の次数　142
外生性の検定　117
外生変数　30, 32, 111
外部ファイル　29
　　——からのデータの読み込み　8
ガウス・マルコフの定理　37, 55
確率過程　136
確率密度関数　41
加重最小二乗法　95, 96, 97
過剰識別可能　112
仮説検定の臨界値　50
カルバック・ライブラー情報量　60, 74
関数変換　32
完全情報最尤法　114, 116, 117, 124
完全な多重共線性　62, 100, 101

季節移動平均　159, 163
　　——の次数　159, 163
季節階差　159, 163
　　——の次数　159, 163
季節自己回帰　159, 163, 164
　　——の項　164
　　——の次数　159, 163
季節自己回帰和分移動平均モデル　158
季節性　158
　　——と SARIMA モデル　158
帰無仮説　38, 50, 57, 90
　　——を棄却　39
　　——を採択　39
逆予測　143, 144
供給関数　109
強定常過程　136
共分散　15, 16
共分散行列　15
行列のランク　132
均一分散　91, 92
　　——の検定　92

クラメル・ラオの不等式　37

計算が収束　150, 151

索引

係数の推定 143
計量計済モデル 30
系列相関 77, 78
　——の検出 79
　——の検定 86
欠損値 28, 29
　——の取り扱い 28
決定係数 59
決定係数 R^2 37, 48, 59
限界消費性向 110
検定統計量 39

合計 13
構造変化の検定 70
構造方程式 114, 117
コクラン・オーカット法 84, 85
誤差項 33, 55, 77, 78, 84, 97
　——が1次の自己相関に従う場合の推定 84
　——の系列相関 77, 78
　——の不均一分散の修正 97
　——の分散・共分散 78
コマンドファイル 23, 26
　作成済みの—— 26
　新規の——の作成 23
ゴールドフェルド・クォントの検定 92, 98

さ 行

最小 13
最小二乗推定量 35, 36, 42, 55, 84, 97, 108, 117
　——の性質 36
　説明変数が確率変数の場合の—— 108
　不均一分散における—— 97
　不均一分散の場合の——の性質 97
最小二乗法 35, 39, 55
最小絶対偏差推定量 36
最小絶対偏差法 36
最小分散比法 116
最大 13
採択 39
最尤推定値 40
最尤推定量 39, 41, 56

最尤法 39, 40, 56, 85
　——による推定 85
最良線形不偏推定量 37, 55, 84
最良不偏推定量 37
残差 47, 68, 79
　——の分散 48
　——の平方和 48, 68
算術関数 6
3段階最小二乗法 114, 116, 124
散布図 63

識別可能 111, 113
識別可能性 130
　——とランク条件 130
自己回帰 78
　1次の—— 78
自己回帰移動平均モデル 141
自己回帰（AR）モデル 136, 138
　p次の—— 138
　1次の—— 136
　2次の—— 138
自己回帰和分移動平均モデル 135, 141
事後確率 60
自己共分散 137
自己共分散関数 137
自己相関 78, 86
　1次の—— 78, 86
自己相関関数 137, 140
自己相関係数 139, 78, 137, 150
次数の決定 142
システム法 113, 114, 116, 124
　——による推定 124
実行・結果の出力 25
実質 GDP の ARIMA モデルによる分析 154
四半期データの分析 159
四分位範囲 15
弱定常過程 136
重回帰分析 54, 56
　——における検定 56
重回帰方程式 55
　——の推定 55
重回帰モデル 54
修正 R^2 59
修正決定係数 59

重相関係数 59
従属変数 32
自由度 36, 56, 57, 59
シュバルツのベイズ情報量基準 60
需要関数 109
需要・供給関数 109
　——による識別性 112
消費 110
消費関数 118
乗法的季節 ARIMA モデル 159
初期値 151, 152
所得 110
　——の恒等式 118
新規のコマンドファイルの作成 23
信頼区間 51

推定値 36
推定量 35, 36
数式計算記号 6
数値計算法 89

正規分布 37, 41, 56
制限情報最尤法 114, 115, 116, 120, 122
成長率モデル 33
制約式（複数の） 57
説明変数 30, 32, 77
　——が確率変数の場合の最小二乗推定量 108
　説明変数間の強い線形の関係 101
漸近的 38, 84
漸近分布に基づく検定 82
線形回帰 32
線形回帰モデル 30, 33
　——に変換可能なモデル 33
線形不偏推定量 37
線形モデル 32, 33
先決変数 112, 113
尖度 13, 15

相関関係 78
相関行列 15
相関係数 13, 15
操作変数 121

索 引

操作変数法　121

た 行

第1四分位点　15
第3四分位点　15
対数最大尤度　42, 48, 56, 60, 69
対数尤度　40, 41, 56
対立仮説　38, 50
対話形式　1, 21
多重共線性　55, 62, 77, 100, 101, 103
　——がある場合の検定　103
　——がある場合の推定　103
　——の尺度　102
　——の問題　77
　完全な——　62, 100, 101
ダービン・ワトソン　81
ダービン・ワトソン検定　79, 82
ダービン・ワトソン統計量の有意水準　83
ダービン・ワトソンの検定統計量　87
ダービン・ワトソンのd統計量　79
ダミー変数　60, 70, 71
　——を使った検定　71
　——を使った推定　71
単一方程式法　113, 114
　——による推定　120
単回帰分析　30, 54
段差　141, 142
単純回帰分析　30, 54
弾性値　34, 48, 50, 65
　——の区間推定　50
　——の計算　65
　——の検定　50
　——の推定　48
弾性値モデル　34

中央値　15
中心極限定理　37
チョウ検定　58, 70
　構造変化に関する——　58

t 検定　38, 56
t 値　39, 48
t 分布　38, 39

回帰係数の——　38
定常確率過程　136
定常過程　136
定数項を含まないモデル R^2　88
ディレクトリ　1
テキストファイル　8, 11, 42
適度識別可能　112, 116
データの変換　6
データの保存　7

同一のコマンドの繰り返し　19
統計検定量　50
投資　111
同時確率分布　41
同時確率密度関数　41
同時方程式モデル　108, 109, 113
　——の推定　113
銅消費量　30, 46, 48, 63
　——の GDP 弾性値の推定　48
　——の推移のデータ　30
　——の伸び率の推定　46
銅消費量データ　42, 62, 86, 97, 104
　——を使った回帰分析　42
　——を使った系列相関の分析　86
　——を使った重回帰分析　62
　——を使った多重共線性の分析　104
　——を使った不均一分散の分析　97
独立変数　30, 32

な 行

内生変数　32, 111, 126

2次の自己回帰モデル　138
2段階最小二乗法　113, 114, 120
入力制御記号　10
入力データのフォーマットの指定　10

は 行

バッチ処理　1, 21, 24

反転可能　140

p 次の自己回帰モデル　138
被説明変数　32
非対称度　14
左片側検定　38
p 値　48, 51
標準誤差　48, 56
　回帰の——　47
標準的な仮定　33, 54, 77
標準偏差　13, 14, 47
標本（偏）回帰係数　35, 55
標本回帰係数　56
標本回帰直線　35
標本回帰方程式　35
標本誤差　38
標本自己相関　155, 156
標本自己相関関数　146, 156
標本分布　37, 38
　回帰係数の——　37, 38
標本偏自己相関関数　146, 147, 156

ファイルの種類　24
ファイルへの保存　17
フォルダ　1, 7
　——（ディレクトリ）の作成　26
不均一分散　77, 91, 92, 94, 97, 99
　——における最小二乗推定量　97
　——の検出　92
　——の検定　93, 97
　——の修正　94, 99
　——の場合の最小二乗推定量の性質　97
不均一分散性　77
不偏推定量　36
ブルーシュ・ペイガンの検定　94
プログラムを実行する　25
分散　13, 36, 47, 77, 91
　——の均一性　54, 77, 91
　——の不均一性　91
　残差の——　47
分散増幅因子　102

平均 13, 48
ベイズ統計学 60
平方和 47
　　残差の―― 47
偏自己相関関数 140
変数 4
　　――の外生性の検定 129

母回帰係数 32, 55
母回帰方程式 32
ボックス・ジェンキンズの予測法 135
ボックスとジェンキンズ 144
ホワイトの検定 94
ホワイトの方法 97, 100

ま 行

マクロ経済モデル 109, 110, 118

右片側検定 38

無限次の移動平均モデル 140
無相関 77
モデル
　　――が推定可能であるため条件 111
　　――選択 59, 60
　　――のあてはまりのよさ 59
　　――の識別性 111
　　――の推定 148

や 行

有意 39
尤度 40
誘導型 114
尤度関数 40, 41, 86
尤度比検定 58, 69, 84, 90
ユール・ウォーカー方程式 138

予測 144, 152, 157

予測値 145
予測量 144

ら 行

ライセンス・コード 21
ラグ付き内生変数 112
ランク条件 111, 112, 130, 131
　　識別可能性と―― 130

リッジ回帰 103
両側検定 38
量的データ 60

累積ピリオドグラム 150
累積分布関数 51

わ 行

歪度 13, 14

欧 文

A

Akaike information criterion 60
adjusted R^2 59
AIC 60, 73, 74, 143
　　――によるモデル選択 73
ALL 15, 16
Amemiya 96
AND 17
AR 部分の次数 142
AR(1) モデル 136
AR モデル 136
ARI 89
ARIMA モデル 135, 141, 144, 154
　　――による日本経済データの分析 145
　　――の推定 142
ARMA 141
ARMA モデル 141
autocorrelation coefficient 78, 137
autocorrelation function 137
autocorrelation of the residuals 150
autocorrelations 156
autocovariance function 137
autoregression 78
autoregressive (AR) 136
autoregressive integrated moving average (ARIMA) 141
autoregressive integrated moving average model 135
autoregressive moving average model 141

B

backcasting 144
batch 21
best linear unbiased estimator (BLUE) 37
best unbiased estimator (BUE) 37
BIC 60

BJEST 149
BJFRCST 153, 157
BJIDENT 147
BLUE 37, 84
Box and Jenkins 144
Box-Jenkins forecasting method 135
Breusch-Pagan test 94
BUE 37

C

CDF 51, 72
Chow test 58, 70
Cochrane-Orcutt 法 85
@COEF 50
coefficient of determination 37
CONST 149
consumption 110
consumption function 118
CORR 15, 16
correlation matrix 15
COVA 15, 16
covariance matrix 15

索　引

Cramér-Rao's inequality　37
critical value　50
cumulative distribution function　51
cumulative periodogram of residuals　150

D
demand function　109
dummy variable　60
Durbin-Watson statistic　88
Durbin-Watson d-statistic　79
Durbin-Watson test　82

E
elasticity　34
END　8, 20
ENDOG　125, 126
endogenous variable　111
Enter Registration Code　21
error term　33
estimate　36
estimated coefficient　48
EXACTML　144
Excel　8, 11
Excel ファイル　11, 42
　──の読み込み　11
Excel ファイル (4.0 ワークシート)　12, 42
EXEC　19
EXIT　8, 19
exogenous variable　111

F
FILE　9
FIML　116, 117, 125, 126
first-order autoregressive　136
first-order moving average model　139
First quartile　15
fitted value　35
FORM　124
FORMAT　10, 11
FRCST　154
FREQ　2, 3, 45
FRML　124

full information maximum likelihood method (FIML)　114

G
Gauss-Markov theorem　37
generalized least squares　85
GiveWin　1, 21, 23
　──のエディタ　23
GLS　85
Goldfeld-Quant's test　92
GRAPH　49

H
HELP　20
HELP COMMANDS　20
HELP MSD　20
heteroskedasticity　77, 91
homoskedasticity　54, 91

I
IDENT　124
identified, identifiable　111
income　110
income identity　118
INST　121
instrumental variable　115, 121
instrumental variable method　115
interquartile range　15
INV　51
invertible　140
investment　111
IS-LM モデル　110
　──の推定　118
IV 法　115

J
just-identified　112

K
Kullback-Leibler information　60, 74
kurtosis　13

L
lagged endogenous variable

112
least absolute deviations estimator　36
least absolute deviations method　36
least squares estimator　35
least squares method　35
least variance ratio method (LVR)　116
likelihood　40
likelihood function　40
likelihood ratio test　58
limited information maximum likelihood method (LIML)　114
LIML　115, 120, 122
LIST　121
LOAD　4, 9, 45
log of likelihood　40
log of maximum likelihood　41
@LOGL　69, 74
Looking Glass　21
LVR　116

M
MA 部分の次数　142
MA モデル　139
marginal propensity to consume　110
maximum　13
maximum likelihood estimate　40
maximum likelihood estimator (MLE)　39
maximum likelihood method　39
mean　13
median　15
minimum　13
missing value　28
MLE　39
moving average representation　140
MSD　13, 15, 16, 17
multicollinearity　55, 62, 100
multiple regression analysis　54

multiple regression
  coefficient 59

N

NAR 149
NDIFF 156, 162
NHORIZ 153
NMA 149
NSAR 163
NSDIFF 163
NSMA 163

O

OLSQ 47, 64
OR 17
order condition 111, 130
ordinary least squares 47
ORGBEG 153
ORGEND 153
OUTPUT 18
over-identified 112

P

p-th order autoregressive model (AR(p)) 138
p-value 48
PARAM 124
partial autocorrelation function 140
partial autocorrelations 156
PLOT 46
population (partial) regeression coefficient 33
population regression equation 32
predetermined variable 112
predictor 144
PRINT 6, 13, 50

Q

q-th order moving average model(MA(q)) 139

R

R^2 37, 59
rank condition 111, 130
reduced form 114
Register 24

Register GiveWin 24
regressed value 35
regression analysis 30
regression equation 30
regression function 32
@RES 87
residual 36
RESTORE 8, 86
REVIEW 19
Ridge regression 103
ROBUST 100
ROBUST オプション 100
Run 25

S

sample autocorrelation function 146
sample partial autocorrelation function 146
sample (partial) regression coefficient 35
sample regression equation 35
sample regression line 35
SARIMA モデル 158, 159
  季節性と—— 158
SAVE 7
Schwarz Bayes information criterion 60
seasonal autoregressive integrated moving average model (SARIMA) 158
seasonality 158
second order autoregessive model (AR(2)) 138
SELECT 16, 17
serial correlation 77
SET 50
SHOW SERIES 8
simple regression analysis 30
simultaneous equation model 109
single equation method 113
skewness 13
SMPL 4, 45
SMPLIF 17

@SSR 73
standard error 38, 48
@START 151
stationary stochastic process 136
std dev 13
std dev. of dependent var. 48
std error of regression 48
stochastic process 136
STOP 8
strongly stationary process 136
structural equation 114
sum 13
sum of squared residuals 68
supply function 109
SYSTEM 19
system method 113

T

TERM 18
Text 23
third quartile 15
t-ratio 39
TREND 47
TSP Program 23, 24
t-statistic 48
TYPE 19

U

under-identified 112
UPTAIL 51

V

variance 13
variance-inflation factor 102
variance of residuals 48
@VCOV 50

W

weakly stationary process 136
WEIGHT 95, 99
weighted least squares method (WLS) 95
White 97

White test　94
Windows XP　21
WLS　95
Wu-Hausman　117, 129

Y

Yule-Walker equation　138

数　字

1 st Qrt　15

2-stage least squares method
　(2 SLS)　113
2 SLS　114, 120, 121

3-stage least squares method
　(3 SLS)　114
3 SLS　116, 124, 125
3 rd Qrt　15

著者略歴

縄田和満(なわた・かずみつ)
1957年 千葉県に生まれる
1979年 東京大学工学部資源開発工学科卒業
1986年 スタンフォード大学経済学部博士課程修了
1986年 シカゴ大学経済学部助教授
現　在 東京大学大学院工学系研究科・
　　　 工学部システム創成学科教授
　　　 Ph. D. (Economics)

TSPによる計量経済分析入門（第2版）定価はカバーに表示

1997年 5月20日　初　版第1刷
2004年 2月 1日　　　　第7刷
2006年 2月25日　第2版第1刷
2007年11月30日　　　　第2刷

　　　　　著　者　縄　田　和　満
　　　　　発行者　朝　倉　邦　造
　　　　　発行所　株式会社　朝　倉　書　店

東京都新宿区新小川町6-29
郵　便　番　号　162-8707
電　話　03(3260)0141
FAX　03(3260)0180
http://www.asakura.co.jp

〈検印省略〉

© 2006〈無断複写・転載を禁ず〉　　　中央印刷・渡辺製本

ISBN 978-4-254-12164-3　C 3041　　Printed in Japan

東大 縄田和満著
Excelによる統計入門 （第2版）
12142-1 C3041　　A 5 判 208頁 本体2800円

Excelを使って統計の基礎を解説。例題を追いながら実際の操作と解析法が身につく。Excel 2000対応〔内容〕Excel入門／表計算／グラフ／データの入力・並べかえ／度数分布／代表値／マクロとユーザ定義関数／確率分布と乱数／回帰分析／他

東大 縄田和満著
Excelによる回帰分析入門
12134-6 C3041　　A 5 判 192頁 本体3200円

Excelを使ってデータ分析の例題を実際に解くことにより，統計の最も重要な手法の一つである回帰分析をわかりやすく解説。〔内容〕回帰分析の基礎／重回帰分析／系列相関／不均一分散／多重共線性／ベクトルと行列／行列による回帰分析／他

東大 縄田和満著
Excelによる確率入門
12155-1 C3041　　A 5 判 192頁 本体3200円

「不確実性」や統計を扱うための確率・確率分布の基礎を解説。Excelを使い問題を解きながら学ぶ。〔内容〕確率の基礎／確率変数／多次元の確率分布／乱数によるシミュレーション／確率空間／大数法則と中心極限定理／推定・検定，χ^2, t, F分布

柳井晴夫・岡太彬訓・繁桝算男・高木廣文・岩崎 学編
多変量解析実例ハンドブック
12147-6 C3041　　A 5 判 916頁 本体32000円

多変量解析は，現象を分析するツールとして広く用いられている。本書はできるだけ多くの具体的事例を紹介・解説し，多変量解析のユーザーのために「様々な手法をいろいろな分野でどのように使ったらよいか」について具体的な指針を示す。〔内容〕〔分野〕心理／教育／家政／環境／経済・経営／政治／情報／生物／医学／工学／農学／他【手法】相関・回帰・判別・因子・主成分分析／クラスター・ロジスティック分析／数量化／共分散構造分析／項目反応理論／多次元尺度構成法／他

日大 蓑谷千凰彦・東大 縄田和満・京産大 和合 肇編
計量経済学ハンドブック
29007-3 C3050　　A 5 判 1048頁 本体28000円

計量経済学の基礎から応用までを30余のテーマにまとめ，詳しく解説する。〔内容〕微分・積分，伊藤積分／行列／統計的推測／確率過程／標準回帰モデル／パラメータ推定(LS,QML他)／自己相関／不均一分散／正規性の検定／構造変化テスト／同時方程式／頑健推定／包括テスト／季節調整法／産業連関分析／時系列分析(ARIMA,VAR他)／カルマンフィルター／ウェーブレット解析／ベイジアン計量経済学／モンテカルロ法／質的データ／生存解析モデル／他

東工大 宮川雅巳著
シリーズ〈予測と発見の科学〉1
統計的因果推論
―回帰分析の新しい枠組み―
12781-2 C3341　　A 5 判 192頁 本体3400円

「因果」とは何か？データ間の相関関係から，因果関係とその効果を取り出し表現する方法を解説。〔内容〕古典的問題意識／因果推論の基礎／パス解析／有向グラフ／介入効果と識別条件／回帰モデル／条件付き介入と同時介入／グラフの復元／他

九大 小西貞則・統数研 北川源四郎著
シリーズ〈予測と発見の科学〉2
情報量規準
12782-9 C3341　　A 5 判 208頁 本体3600円

「いかにしてよいモデルを求めるか」データから最良の情報を抽出するための数理的判断基準を示す〔内容〕統計的モデリングの考え方／統計的モデル／情報量規準／一般化情報量規準／ブートストラップ／ベイズ型／さまざまなモデル評価基準／他

東大 阿部 誠・筑波大 近藤文代著
シリーズ〈予測と発見の科学〉3
マーケティングの科学
―POSデータの解析―
12783-6 C3341　　A 5 判 216頁 本体3700円

膨大な量のPOSデータから何が得られるのか？マーケティングのための様々な統計手法を解説。〔内容〕POSデータと市場予測／POSデータの分析(クロスセクショナル／時系列)／スキャンパネルデータの分析(購買モデル／ブランド選択)／他

上記価格（税別）は 2007 年 10 月現在